# 멘토링

# 인간가치 경영

개인과 기업의 가치를 챙기는

# 멘토링
# 인간가치 경영

류재석 지음

이담
Books

　이 책은 오늘날 경영 현장에서 인간가치 개발 프로그램을 적용하여 크게 두 가지 주제로 나눠 1) 기업의 가치경영, 2) 인간 개인의 가치개발에 대해 다루었다.

　기업의 가치 편으로 브랜드가치, 구성원역량가치, 주주가치, 고객가치를 다루었고 개인 가치개발 편으로는 전문적인 면, 정서적인 면 그리고 의지적인 면으로 즉 인격의 균형요소를 다루었다.

　주요 내용은 인간중심 경영전략으로 기업가 정신, 경영전략, 경영명언, 모범사례－5업체, 멘토링 6가지 사례를 담았고, 개인적으로 인간의 5가지 핵심가치로 인성가치, 관계가치, 리더가치, 혁신가치 그리고 성과가치를 개발하는 방법을 제시했고 특히 멘토링으로 그 가치를 월등히 업그레이드한 5명의 사례를 다루었다.

　마지막으로 멘토링 인재개발 12개월 명상법을 전문분야, 정서분야, 의지분야 등 인격의 3요소를 살리면서 다루었다.

# 서 문

## 1. 멘토링 인간가치

### 1) 인간가치 의미

멘토링의 인간가치는 인간 잠재역량의 개발지수를 의미한다. 일반적으로 보통 사람은 5%, 노벨상 수상자급은 10%, 그리고 인류역사상 최고로 개발지수가 높은 에디슨은 15%로 전해진다. 여기서 참고로 아인슈타인의 말을 빌려 본다. "인간은 잠재능력의 10%밖에 사용하지 않는다." 특히 멘토링에서 멘토의 자질이 멘제의 가치를 업그레이드하고 멘토링을 성공적으로 이끄는 지름길임을 알아야 한다.

### 2) 인간가치 사례: 박지성/히딩크 멘토

멘토링 활동에서 박지성 선수의 인간가치를 업그레이드한 멘토모델로 히딩크 감독을 소개한다. 그는 무명 박지성 선수를 "너는 정신력이 대단해서 성공할 수 있다"고 격려함으로써  선수에게 새로운 두전의 계기를 마련해 주었다.

① 축구 개인 기술을 개발해 주고

② 개인의 체력을 균형 있게 개발해 주고

③ 그리고 정신력의 가치를 개발하여 주었다.

박 선수에게서는 축구기술 향상, 재미있는 축구, 축구를 통하여 자신의 인간가치가 업그레이드되어 무명의 선수에서 World Star로 가치를 인정받고 있는 사실을 확인할 수 있다.

박지성을 위한 히딩크 멘토의 영향력 평가

| 인격 | 구분 | 세부 영향력 평가 사례 |
|---|---|---|
| 지 | 기술역량 개발 | 개인 기술비디오를 통해 특징 있는 기술지도로 조언했다. |
| 정 | 감성역량 개발 | 가문의 영광이라고 기를 살려 줌으로써 축구에 열정을 바쳤다. |
| 의 | 의지역량 개발 | '정신력이 대단하다'는 칭찬으로 사기를 진작시키고 의지를 불태우게 했다. |

### 3) 인간가치 테마

이 책에서는 아래 5가지 인간 핵심가치를 개발하여 인격 프로그램의 보완자료로 활용할 수 있도록 기술했다.

① 인성가치 개발

② 관계가치 개발

③ 리더십가치 개발

④ 혁신가치 개발

⑤ 성과가치 개발

## 2. 멘토의 자질

멘토는 인간을 기술자로 만드는 것이 아니고 기술자를 인간으로 만드는 균형인간으로 가치를 업그레이드해 주는 멘토 프로그램 주관자이다. 그러므로 코치라고 해서, 교수라고 해서, 상담자라고 해서, 전문가라고 해서 다 멘토가 될 수 있는 것은 아니다. 바로 멘토는 전인적인 방법으로 자신과 같은 리더로 재생산(Reproducting)시키는 포괄적인 역량 소유자라고 말할 수 있다. 텔레마쿠스 왕자를 지혜롭고 현명한 왕으로 그 가치를 성장시킨 멘토의 자질을 인격적인 차원에서 벤치마킹 자료로 살펴보기로 하자.

**[멘토링의 용어]**
- 멘토(Mentor): 자신의 역량을 발휘하여 전인적인 삶의 조언을 해 주는 사람이다.
- 멘제(Menger): 자신의 잠재역량을 의욕적으로 개발하고자 도움을 받는 사람

이다.

- 멘토링(Mentoring): 멘토와 멘제가 일정한 목표를 가지고 상호 유익한 활동을 하고 있는 상태를 말한다.


## [최초 멘토의 자질]

최초 멘토:
B.C. 1250년 트로이 전쟁 당시 최초 멘토(호머의 그리스 신화에 등장인물)는 전인적인 삶의 조언자로서 아래 내용의 인격으로 자질을 갖춘 균형적인 사람이었다.

| 인격 | | 자질(당시 멘토/테레마쿠스 관계에서) | 비고 |
|---|---|---|---|
| 知<br>전문 편 | 스승 | 가르치기를 좋아하는 스승이었다. | |
| | 전문 | 수학, 철학, 논리학(知情意 인격상징)의 전문가다. | |
| 情<br>정서 편 | 관계 | 왕 등 타인과 관계가 원활한 사람이었다. | 오늘날 나는 어떤 멘토인가? |
| | 정서 | 타인과 상담이 잘 이루어지는 사람이었다. | |
| 意<br>의지 편 | 존경 | 당대 온 국민의 존경대상인 사람이었다. | |
| | 리더 | 당대 최고 지도자로 인정받은 사람이었다. | |


## 3. 인간가치 경영 Focus

멘토링의 가치경영은 인간가치 개발 프로그램을 적용하여 크게 두 가지 면으로 1) 기업의 가치 경영 편과 2) 인간 개인의 가치개발 편을 다루었다.

기업의 가치 편으로 브랜드가치, 구성원역량가치, 주주가치, 고객가치를 다루었고 개인 가치개발 편으로는 전문적인 면, 정서적인 면 그리고 의지적인 면으로 즉 인격의 균형요소를 다루었다.

특히 1:1 멘토링 개위의 인격가치개발 분야는 오늘날 제도권교육이나 일반 조직에서 성적 위주나 기술 위주의 인재개발 프로그램에서 오는 부작용으로 상실된 인간성을 회복하는 프로그램으로도 활용했다.

멘토링은 두 사람이 하나가 되어 한마음으로 동행하면서 인격 15개 핵심역량을 집중 개발함으로 상호 균형 있는 인간으로 가치를 업그레이드해 주고 구성원 개인의 행복감과 조직의 생산성 가치를 자율적으로 상승하고자 하는 프로그램이다.

| 영역구분 | 적용분야 | Focus | 세부사항 |
|---|---|---|---|
| 기업의<br>주식가치<br>개발 | 기업 Brand | 인간성, 생산성, 윤리성 | 창의 및 복지지원 경영 |
| | 사원 역량 | 만족감, 전문성, 충성도 | 전 사원 역량 결집 |
| | 주주 투자 | 주식, 기회, 명예 | 존경(Great)기업 |
| | 고객 상품 | 품질, 가격, 정신 | 직원행복/고객행복 |
| 개인의<br>인격가치<br>개발 | 知<br>(전문) | 전문분야<br>*인격의 가치 개발 | 기술, 업무, 정보 등 |
| | 情<br>(정서) | 정서분야<br>*칭찬가치 개발<br>*소통가치 개발 | 감성, 포용, 심리 등 |
| | 意<br>(의지) | 의지분야<br>*리더십가치 개발<br>*성과가치 개발 | 윤리, 결단, 리더십 등 |

# 인격 시리즈 4권의 단행본 소개

멘토링 인격 프로그램은 2000년부터 교육 및 컨설팅 과정에서 핵심내용으로 적용되어 왔다. 금번 그동안 10년에 걸쳐 인격에 관한 강의 자료를 종합하여 4권의 신간에 그 내용을 담아 출간하였다.

이 인격 시리즈 4권은 내부적으로는 먼저 멘토 개발 및 인재 개발 교재용으로 활용될 것이고 외부적으로 오늘날 사회 조직마다 상실된 인간성을 회복하고 지도자들이 윤리리더십을 회복하는 자정 프로그램으로, 그리고 국가적인 차원에서는 선진국 문턱을 넘는 국격을 높이는 인간 벨트(Human Belt) 구축에 핵심 프로그램으로 활용될 것이다.

| 권수 | 도서 제목 및 내용 |
|---|---|
| 인격 1권 Book 1.<br>본질 편(Essence) | **멘토링 인격 오디세이**<br>제1부. 21세기 멘토링의 중요성<br>제2부. 멘토링 인격 오디세이<br>제3부. 멘토링 인격 사례모델 |
| 인격 2권 Book 2.<br>가치 편(Worth) | **멘토링 인간가치 경영**<br>제1부. 멘토링 인간 중심 경영<br>제2부. 멘토링 인간가치 개발 프로그램<br>제3부. 멘토링 인간가치 개발 명상록 |
| 인격 3권 Book 3.<br>기술 편(Skill) | **멘토링 활동 촉진기술**<br>제1부. 멘토링 소통기술 개발<br>제2부. 멘토링 감성기술 개발<br>제3부. 멘토링 미팅기술 개발 |
| 인격 4권 Book 4.<br>생애 편(Life) | **멘토링 생애진단도구**<br>제1부. 멘토링 행동지침 12<br>제2부. 멘토링 생애진단도구<br>제3부. 멘토링 생애개발계획 |

# 내용 소개(Contents)

제1부 멘토링 인간중심 경영전략

   오늘날 세계경영의 모델이라고 하는 미국의 경영학도 테일러의 과학적인 관리기법에서 호돈의 인간중심 경영으로 발전과정을 거쳤다.

   SAS 굿나잇 회장은 "행복한 소가 우유를 더 많이 생산한다"는 경영속담을 예로 들면서까지 인간중심의 경영 모델을 자부하고 있다.

   인간중심의 전략으로 기업가 정신과 8가지 국내외 경영전략, 경영명언 그리고 인간중심 경영사례 미국편 5개 업체와 멘토링 인간중심 사례 6가지를 소개했다.

**제1장 인간중심 기업가 정신**

**제2장 인간중심 경영전략**

**제3장 인간중심 경영명언**

**제4장 인간중심 경영사례 모범**

**제5장 인간중심 멘토링 사례**

제2부 멘토링 인간 가치 개발 프로그램

   인간 핵심가치 5가지 역량개발은 상호 간 인간성(Humanity) 존중 바탕 위에 멘토와 멘제가 신뢰와 존경관계(Relation)를 유지하면서 리더(Leader)로 성장하는 것이다. 각 조직은 성장한 리더가 혁신(Innovation)을 주도하고 경영성과(Performance)

를 도출하는 효율성 균형경영과 조직 구성원을 인간가치 개발로 자기 성장을 촉진하는 조직 혁신전략이다.

특히 5가지 주제에 맞게 멘토링 활동사례 모델로 바둑 이창호, 수영 박태환, 링컨 대통령, 드라마 대장금, 음악 신현수를 소개하여 인간가치 개발 멘토링 효과성의 본보기로 삼았다.

제1장 인성(Humanity)가치 개발
제2장 관계(Relation)가치 개발
제3장 리더(Leader)가치 개발
제4장 혁신(Innovation)가치 개발
제5장 성과(Performance)가치 개발

## 제3부 멘토링 인간가치 개발 명상록

오늘날 일상적인 학교생활이나 직장생활이 학습과 업무 위주의 딱딱한 논리분야에 치중하다 보니 모두 마음상태가 비판과 냉정에 치우쳐진 상태다. 제3부에서는 이 점을 보완하기 위하여 감동적인 면을 강조하는 명상록 형태의 글을 모아 소개했다. 특히 인격적인 분야를 감안하여 전문, 정서, 의지 분야를 균형 있게 담았고 기간적으로도 12개월 52주로 나누어 명상의 분위기와 기간을 균형 있게 조절했다.

제1장 멘토링 전문분야 명상록(1~4월)
제2장 멘토링 정서분야 명상록(5~8월)
제3장 멘토링 의지분야 명상록(9~12월)

# 출간 감사(Thanks)

멘토링코리아 설립 당시(1998. 2. 1.) Bob Biehl 박사(美 멘토링전문가)와 William Gray 교수(加 브리티시 대학)로부터 전화, 이메일, 책자 등의 귀중한 자료를 제공받은 것에 대하여 두 분에게 진심으로 감사를 드린다.

초창기부터 한국적인 정서에 맞는 올바른 이론 정립과 생산성 확보에 필수적인 실행 프로그램을 개발하는 데 전문연구원으로 동참한 민홍기 박사, 김영회 박사, 최창호 박사, 최명국 박사, 탁충실 위원, 그리고 최근에 합류한 김순환 박사, 이제빈 박사, 한광훈 박사, 김해영 박사, 조병용 박사, 김동철 박사, 김성일 군목, 조주영 박사, 안만수 박사, 전종현 위원, 박화현 위원, 문일상 위원에게 감사를 드린다.

멘토링 자격증을 취득하고 전문업체로 멘토링 보급에 파트너십을 하고 있는 김호정 원장(멘토링솔루션), 이용철 원장(한국멘토링코칭센터), 나병선 대표(멘토링코리아컨설팅), 홍은경 소장(핸즈코리아), 이영남 대표(SMI KOREA)와 신정범 목사(큰비전교회), 이순길 목사(수원 소망교회) 등 현장에서 멘토링 보급에 앞장서고 있는 68명 멘토링 지도사에게 감사를 드린다.

멘토링 불모지 한국에서 정부기관 도입에 앞장선 노동부 정원호 서기관, 농림수산부 신경순 사무관, 지식경제부 김영화 서기관, 행정안전부 이정래 서기관, 그리고 교육과학기술부 임용우 팀장, 한국장학재단 이경숙 이사장님께 감사를 드린다.

멘토링은 저자에게 하나님이 25년 만에 기도의 응답으로 주신 선물(Gift)이다. 이에 감사하는 마음으로 멘토링에 열정을 가지고 다이아몬드와 같은 고품질의 프로그램으로 개발하여 1) 하나님께 영광, 2) 조직 개발에 기여, 그리고 3) 많은 사람에게 유익을 주어(고전 10:31~33) 하나님의 은혜에 보답하고자 한다.

저자의 멘토로서 8년간 저자에게 청교도 삶을 각인시킨(1980~1988) 故 김용기 장로님(가나안농군학교 설립자)과 대를 이어 멘토링 관계를 이어 오고 있는 김평일 가나안농군학교 교장께 감사를 드린다.

**이**번 책은 그동안 저자의 기도의 응원군인 서현교회 김경원 목사님과 성도님들, 그리고 저자의 에너지 근원이 된 아내 임금자를 포함한 가족 류환, 류현, 한현숙, 류경헌, 류나안, 안성훈, 류지영, 안서연 모두에게 감사를 드린다.

마지막으로 어려운 여건 속에서도 기꺼이 출판을 맡아 수고해 주신 한국학술정보㈜ 출판사 임직원께 심심한 감사를 드린다.

2011. 02. 01.

류재석 드림

# Contents

# 제1부
## 멘토링 인간중심 경영전략

　　지금까지 한국경제는 고도성장에 초점을 맞추어 성장우선주의 경영을 지속되어 오면서 그동안 적지 않은 노사관계 대립으로 강성노조 탄생이라는 경영의 심각성까지 겪어 왔다. 그러나 외환(IMF)위기를 기점으로 성장이 멈추면서 수익성 악화로 구조조정을 대대적으로 전개하면서 역시 이 와중에서도 많은 조직의 구성원이 일자리를 잃게 되었다. 이제는 평생직장의 평생직업으로 개념 전환을 하면서 경영현장에서는 인재전쟁이라는 화두까지 등장하게 되었다.

　　오늘날 세계경영의 모델이라고 하는 미국의 경영학도 테일러의 과학적인 관리기법에서 호돈의 인간중심 경영으로 발전과정을 거쳤다.

　　SAS 굿나잇 회장은 "행복한 소가 우유를 더 많이 생산한다"는 경영 속담을 예로 들면서까지 인간중심의 경영 모델을 자부하고 있다.

　　인간중심의 전략으로 기업가 정신과 8가지 국내외 경영전략, 경영명언 그리고 인간중심 경영사례 미국편 5개 업체와 멘토링 인간중심 사례 6가지를 소개했다.

# 제1장
# 인간중심 기업가 정신

## 1-1. 기업가 정신(Entrepreneurship)

기업가란 創業을 한 사람, 스스로 사업을 일으키고, 운영하는 경영자를 말한다. 최근에는 최고 경영자(CEO: Chief Executive Officer)라고 부른다. 불확실한 미래에 고난과 위험을 무릅쓰고 도전과 열정 그리고 신념을 가지고 無에서 有로 가치를 창출하는 사람이다.

그리고 기업에 자기 인생을 올인(All-In)하고, 기업경영 하는 것을 즐거운 일로 생각하여 행동하는 사람이다. 기업은 적자를 낼 때도 있으며, 망할 때도 있고, 흥할 때도 있다. 언제나 기업을 하여 즐거움을 느끼며 기업을 운영하는 사람을 기업가라고 한다.

### 1) 기업가 정신(企業家精神, Entrepreneurship)

기업가 고유의 가치관 내지는 기업가적 태도를 말한다. 특히 기업 활동에서 계속적으로 혁신하여 나가려고 하며 사업 기회를 실현시키기 위하여 조직하고, 실행하고, 위험을 감수하려고 한다. 또한 조직과 시간 관리 능력, 인내력, 풍부한 창의성, 도덕성, 목표설정 능력, 적절한 모험심, 유머감각, 정보를 다루는 능력, 문제 해결을 위한 대안 구상 능력, 새로운 아이디어를 내는 창조성, 의사결정 능력, 도전 정신 등이 요구된다.

2) 기업가 정신의 사전적 의미

기업의 본질인 이윤 추구와 사회적 책임의 수행을 위해 기업가가 마땅히 갖추어야 할 자세나 정신이다. 기업은 돈 버는 게 목적이지만 저 혼자 잘 먹고 잘 살겠다 이러면 안 된다. 즉 이윤을 추구하되 공익을 위해 수익의 일부를 사용하는 것이 진정한 기업가다. 이와 같은 내용으로 장사꾼과는 차별된다.


## 1-2. 기업가 정신에 관한 이론

1) 전통적 기업가 정신

통찰력(미래를 예측할 수 있는 능력), 혁신성과 창의성(새로운 것에 과감히 투자하고 도전하는 것)이다.


2) 슘페터(미국 경제학자) 기업가 정신

혁신자적 기업가를 기업가로 생각－새로운 상품 개발을 통한 기존 시장의 창조적 파괴다.

창조적 파괴－쉽게 말해서 부셔 없애는 파괴가 아니라 발전시키는 것을 뜻한다.

슘페터가 말하는 혁신자가 갖추어야 할 것들

① 신제품 개발－새로운 제품을 만들어 내는 것이다.

② 새로운 생산방법의 도입－생산량을 늘리거나 불량을 줄이는 등 생산방법 개발(ex. 자동화, 로봇 등)이다.

③ 신시장 개척－자신의 나라에서만 판매할 것이 아니라 다른 나라로 본인의 판매영역을 확대하는 것이다.

④ 새로운 원료나 부품의 공급－보다 나은 생산품을 만들기 위해서 더 좋은 원료나 부품을 사용한다.

⑤ 새로운 조직의 형성－새로운 조직들을 만들어 내서 일의 생산성과 효율성 증대(ex. 영업부, 홍보부 등)한다.

⑥ 노동생산성 향상 – 임금 인상, 휴가 등 물적/정신적으로 노동자의 복지를 향
  상시켜 노동자들이 더 열심히 일하도록 유도하는 것이다.

## 3) 오늘날의 기업가 정신

매우 다양한 이론들이 존재하고 어떤 이론이 사실인지 입증하기는 힘들다. 대
표적인 예로 꼽는 오늘날의 기업가 정신은 전통적 기업가 정신과 새로운 기업가
정신을 들 수 있다.

① 고객제일주의 – 고객이 왕이다.

② 산업보국 – 회사가 잘되어야 나라도 잘된다. 즉 나라 경제를 지탱하는 산업
  을 개발하는 것이다.

③ 인재 양성 – 노동자도 하나의 인격체로서 끊임없이 교육해 훌륭한 일꾼으로
  자기 개발한다.

④ 공정한 경쟁 – 다른 기업과 선의의 경쟁을 함으로써 해당 분야의 기술력을
  키우고, 건전한 경제를 만든다.

⑤ 근로자 후생복지 – 회사의 직원들이 즐겁고 편하게 생활할 수 있는 환경을
  제공(교육, 임금인상, 작업환경 등)한다.

⑥ 사회적 책임의식 – 돈을 벌어서 본인과 직원들만 편하게 살면 되는 것이 아
  니라 본인의 상품을 이용해 준 국민, 본인이 안전하게 사업을 할 수 있게 해
  준 국가, 더불어 사는 사회에 공헌해야 한다는 책임의식을 느낀다.

요즘은 프로슈머 이론 등 많은 이론들이 있다. 하지만 위에 기술한 내용이 지
배의견인 듯하다.

# 1-3. 기업가 정신의 경영학자 소리

## 1) 슘페터(Joseph A. Schumpeter)의 소리

창조적 파괴(Creative Destruction)과정에서 다음과 같은 새로운 혁신자를 기업가로 정의했고, 이러한 새로운 결합이 이루어지는 공간을 기업이라고 부르며, 이러한 리더십을 발휘하여 수행하고 가치를 창출하여 기업이윤을 극대화시키는 사람을 기업가라고 하였다.

(1) 새로운 제품의 발명 또는 개발
(2) 새로운 생산방법의 도입이나 새로운 기술의 개발
(3) 새로운 시장의 개척
(4) 새로운 원료나 부품의 새로운 공급자
(5) 새로운 산업에서 새로운 조직의 형성

## 2) 칼 베스터(Karl Vesper)의 소리

"다른 사람이 발견하지 못한 기회를 찾아내는 사람, 사회 상식이나 권위에 사로잡히지 않고 새로운 사업을 추진할 수 있는 사람, 행동을 추구하는 사람이야말로 기업가"라고 정의하였다. "'행복추구란 어떻게 기업을 경영할 것인가? 어떻게 사회적 책임을 다할 것인가? 어떻게 종업원의 인간적 만족을 충족시킬 수 있을까?' 등을 해결하는 해결사가 기업가다. 즉 무엇을 행복으로 여길 것인가를 풀어내는 사람이 기업가다"

### 3) 로버트 론스타드(Robert C. Ronstadt)의 소리

자신의 저서인 『기업가 정신(Entrepre Neurship)』에서 기업가 정신이란 빨간 신호등 앞에서 때로는 이를 무시하고 돌진하는 것과 같다고 하였다. 기업가 정신은 스스로 사업을 일으키고, 이를 자기 인생에서 가장 즐거운 일로 여기는 것이라고 정의하였다.

### 4) 피터 드러커(Peter F. Drucker)의 소리

자신의 저서인 『혁신과 기업가정신(Innovation and Entrepreneurship)』에서 기업가는 새롭고 이질적인 것에서 유용한 가치를 창출해 내고 변화에 대응하고 도전하여 변화를 기회로 삼는 사람이라고 한다. 기업가의 역할은 기업 이윤의 극대화보다는 기업 기회의 극대화이다. 기업가 정신은 과학이 아니며, 그렇다고 예술도 아니며, 그것은 실천이라고 하였다.

## [한국의 흔들리는 '기업가 정신']

세계적인 경영학자 피터 드러커는 "한국이 기업가 정신을 실천하는 데 단연 세계 1등"이라고 칭찬한 바 있다. 지난 1996년 출간된 『넥스트 소사이어티』 저서를 통해서다. 6·25전란의 폐허를 딛고 일어나 조선, 자동차, 반도체 등에서 세계 선두주자로 올라선 모습의 얘기였다. "영국이 250년, 미국·독일·프랑스가 100년 만에 해냈다"며 그 원동력이 바로 기업가 정신이었음을 격찬했던 것이다.

그의 지적대로 모험심과 결단력으로 무장한 경영자들이 국내외 산업현장을 뛰어다니며 우리 경제를 키워 왔다. 이른바 '창업세대'로 불리는 경제개발 초창기의 기업인들이 대부분 여기에 포함된다. 주변여건이 맞아떨어지기도 했겠으나, 이들이 아니었으면 '한강의 기적'은 어려웠을지 모른다. 그야말로 맨손으로 시작해서 세계에 코리아의 위상을 높인 주인공들이다. 그리고 10여 년 전에는 미래를 내다본 컴퓨터 몇 대만으로 사무실을 차려 놓고, 어려움을 견디며 벤처 붐을 이끌었다. 하지만 최근 들어 이러한 도전적인 시도들이 상당히 위축되고 있는 분위기다. 투자가 지연되고 기술 개발이 늦춰지는 것이 그런 사례다.

인재육성 노력도 예전과 같지 않다고 한다. 심각한 문제는 기업들이 이렇게 움츠리고 있는 동안 경쟁국들이 거리를 자꾸 좁혀 오고 있다는 점이다. 우리가 아직은 조선, 반도체, 화학, 자동차, LCD, 철강 등에서 기술력을 유지하고 있다지만, 불과 3~4년 안에 중국을 비롯한 경쟁국들에 추월당할 것이라는 우려가 팽배하다. 미래의 성장 동력이라고 여겨지는 태양광, 풍력 등 신재생 에너지 분야나 생명공학 분야에서는 더 말할 것도 없다.

기업가 정신은 위기와 시련을 넘어 성공으로 나아가는 기본 동력이다. 기업들이 현실에 안주할수록 우리 경제의 앞날은 어두울 뿐이다. "위대한 기업가는 변화를 탐구하고, 변화에 대응하며 변화를 기회로 이용한다." 앞서 인용한 피터 드러커가 지금도 우리에게 던져 주는 메시지다.


## 1-4. 최근 한국의 기업가 정신

요즘 세계 각국의 언론은 한국의 경제발전에 관한 기사를 앞다퉈 보도하고 있다. 이들은 특히 1997년 외환위기와 2008년 세계 경제위기를 기회로 바꾼 한국인의 저력에 찬사를 아끼지 않는다. 한국의 경제적 성공은 수치로도 확인된다. 스위스의 국제경영개발원(IMD)이 매년 발표하는 국가경쟁력 지표에서 2001년 세계 29위였던 한국의 국가경쟁력 순위는 2010년 역대 최고 순위인 23위까지 올라섰다. 처음으로 일본(27위)을 제친 것이다.

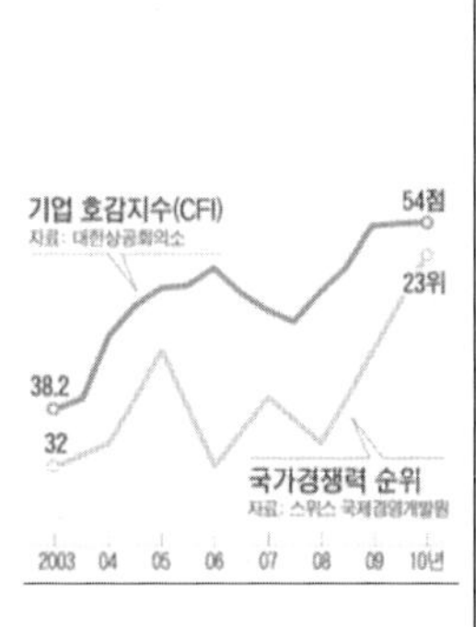

우리 국민은 세계 무대에서 활약하는 한국의 초일류기업들을 보면서 자긍심을 느낀다. 사진은 왼쪽부터 러시아 예카테린 부르크에 있는 삼성광고판, 미국뉴욕 타임스퀘어의 현대자동차 광고판, 영국 런던 피카딜리 광장의 LG광고판(조선일보)

## [최근 한국의 기업가 정신]

한국기업은 왜 강해졌나……? 기업 전문가들이 꼽은 6가지 이유

한국의 대표적 기업들이 내부 혁명에 성공하고 이를 사회 전반의 혁명으로 확산시킬 수 있었던 원동력은 무엇일까. 오랫동안 기업 내부를 관찰해 온 김병도 교수(서울대학교 경영학), 공병호 박사(공병호경영연구소장), 강신장 세라젬 대표(前 삼성경제연구소 전무)의 진단을 통해 한국기업이 강해진 6가지 이유를 추려 보았다.

### 1) 수익성 위주의 전략

1997년 외환위기 전까지 과도한 차입경영과 문어발식 다각화를 통한 외형성장 전략에 매달렸던 한국의 대기업들은 외환위기를 겪으면서 수익성 위주로 전략을 바꿨다. 부채비율을 줄이고 고부가가치의 핵심사업에 경영을 집중하면서 비관련 사업을 매각하고 인력 구조조정을 수시로 단행했다. 이를 통해 지난 10년 동안 코스피 200대 기업의 순이익은 15배 정도 늘었고, 2010년 1조 원 이상의 순익을 낼 것으로 전망되는 회사의 수도 20개에 이른다.

### 2) 경영 투명성 제고

대기업의 투명성에 대한 사회적 요구가 높아지면서 사외이사 및 감사위원회 도입을 의무화했고, 기업의 중요 정보를 증권시장을 통해 공시토록 하는 공정공

시제도가 도입됐으며, 기업집단 내 모든 계열사의 경영실적을 총망라하는 결합재무제표 작성도 의무화했다. 이에 따라 국내 기업의 주가수익비율(PER)이 지난 10년 동안 꾸준히 상승했다.

### 3) 재무 건전성 개선

외환위기 당시 국내 대부분 기업의 부채비율은 300%를 상회했으나 외환위기 이후 선진국보다 낮은 100% 수준으로 떨어졌다. 이는 그만큼 우리 기업의 체질이 개선됐음을 의미하지만 동시에 성장보다 안정에 너무 치중하는 보수적인 경영이라는 비판도 제기될 수 있다.

### 4) 성과 중심의 인사

연공서열 중심의 전통적 인사제도에서 벗어나 성과배분을 원칙으로 하는 연봉제가 자리 잡았다. 더불어 해고절차가 간편한 유연한 고용정책이 확산됐고, 사내 업무의 아웃소싱을 통한 고용 유연성 또한 높아졌다. 그러나 이로 인한 평생직장 개념의 붕괴와 조직원의 충성도 약화는 기업이 당면한 새로운 과제라는 지적도 있다.

### 5) 연구개발 · 마케팅의 강화

낮은 생산원가와 선진국 기술모방을 경쟁력의 원천으로 삼았던 한국기업은 외환위기 이후 업종 전문화를 통해 적극적인 연구개발, 디자인 및 마케팅 투자 강화 등으로 선진국 기업들을 능가하는 제품을 속속 내놓으면서 변신에 성공했다. 현재 한국은 국내총생산 대비 연구개발투자 비중이 세계 4위이며, 국내총생산 대비 특허건수는 세계 1위이다.

### 6) 글로벌 현지생산 확대

수출 위주의 한국기업들은 신흥시장에 대한 공격적인 해외진출을 시도해 이제 뿌리내리는 단계에 접어들었다. 중소기업들은 중국기업과의 가격경쟁을 위해 저

임금 지역으로 생산거점을 이전했고, 대기업들은 외국 선진기업들과의 경쟁을 위해 생산·연구개발·마케팅 등 경영활동 전반을 해외에서 전개하여 커다란 성과를 거두고 있다.

<출처: 조선일보 2011년 1월 13일자>

# 제2장
# 인간중심 경영전략

## ▶ 해외 경영전략 ◀

## 2-1. 게리 해멀 교수

### 인간을 완성시켜 주는 기술경영

게리 해멀 교수(영국 런던대): 2008년 월스트리트저널이 선정한 세계 경영 대가(大家·guru) 20인 중 1위

1990년 핵심역량(Core Competence) 창안자


"삼성전자가 애플의 방식을 따라가야 하느냐고 묻는다면 나의 대답은 '노(No)' 입니다. 물론 하루가 다르게 바뀌는 IT 업계에서 예측한다는 것은 위험한 일이긴 합니다. 하지만 애플 식의 수익 모델은 어쩌면 생각보다 오래 못 갈지도 모른다고 생각합니다."

2008년 월스트리트저널이 선정한 세계 경영 대가(大家·guru) 20인 중 1위에 오른 게리 해멀(Gary Hamel, 56세) 교수의 말은 뜻밖이었다. '애플 쇼크' 이후 모두가 애플을 이야기하고 벤치마킹하려고 안간힘 쓰는 시대가 아닌가. 그는 카랑카랑한 목소리를 더욱 높이며 말을 이어 갔다. 33㎡(10평) 규모의 인터뷰 룸이 쩌렁쩌렁

울렸다.

"하지만 보다 근원적인 이유는 바로 이겁니다. 삼성전자가 만일 애플이 거둔 것 같은 성공을 거두고 싶다면, 애플이 한 것과 같은 방식을 택해선 안 된다는 것입니다. 물론 애플이 명청한(Stupid) 기업이라면 애플이 만든 시장에서 삼성전자가 2등이라도 할 수 있을지 모르죠. 하지만 애플은 결코 명청한 회사가 아닙니다. 따라서 삼성은 자신만의 혁신적인 비즈니스 모델을 찾아서 새로운 길을 열어야 합니다. 그리고 그것은 애플이 한 것처럼 급진적인 아이디어야 합니다."

그의 말은 애플을 뒤쫓는 국내 기업들에 경종(警鐘)을 울리는 듯했다. 진정한 혁신이란 1등 모델을 좇는 것이 아니라 그것을 뛰어넘어 새로운 판을 짜는 것이란 지적이었다.

그는 날카로운 충고를 더 이어 갔다. "기업이 결정하기 가장 어려운 것 중 하나가 기존의 수익 모델에서 벗어나는 비즈니스를 생각하는 것입니다. 경영자들로선 자신의 아이와 같은 것인데 어떻게 버릴 수 있느냐고 할 것입니다. 하지만 그것이 비즈니스입니다. 삼성이 휴대폰 제조를 그만둬야 한다고 말하는 것이 아닙니다. 하지만 수익 모델이 어디로 가고 있는지 빠른 움직임이 보일 때 빠르게 대응할 수 있어야 하고, 경우에 따라서는 기존의 전략을 버릴 수도 있어야 합니다."


해멀 교수는 세계에서 몸값이 가장 비싼 경영 석학 중 한 사람이다. 한 시간 강연료가 5만~10만 달러에 이르기도 한다. 그래서 그가 허락한 인터뷰 시간은 인색했다. 단 30분.

기사는 집딤 없이 비로 본론으로 들어갔다. 그는 속사포처럼 말을 쏟아 냈다. 짧은 시간에 최대한 많은 내용을 전달하겠다는 그 나름의 배려일 것이다. 그런데 이야기에 몰입한 그는 약속된 30분을 넘어 정확히 1시간 5분을 이야기했다. 예정된 점심 약속마저 잊은 듯했다. 인터뷰가 끝날 때쯤엔 카랑카랑했던 그의 목소리도 갈라졌다. 그는 과연 열정적인 '혁신 전도사'였다.

그는 지금은 거의 보통명사가 된 '핵신여량(Core Competence)'이란 개념을 1990년대에 창안했다. 2000년대 들어서는 '지속적 혁신'을 강조한다. 그렇다면 핵심역량도 혁신의 대상인 것일까?

이 질문에 대해 그의 대답은 이랬다. "최적의 핵심역량은 어떤 특정한 스킬이나 기술이 아닙니다. 혁신 자체가 최적의 핵심역량이 될 수도 있다는 것입니다."

다시 말해 혁신을 북돋우고 꽃피우게 하는 조직문화야말로 기업의 가장 중요한 역량이라는 것이다. 그의 말은 자연스럽게 최근 수년간 그가 강조하는 '관리 혁신(Management Innovation)'으로 옮아갔다. 관리 혁신이란 회사 관리자들이 하는 일을 바꾸는 것, 즉 의사 결정 구조, 조직 구성 등 사람 관리와 관련된 혁신을 의미한다. 그는 이것이야말로 혁신 사다리의 가장 꼭대기에 있다고 말한다.

> – 하지만 애플을 보면 교수님이 관리 혁신의 아래 단계라고 한 '업계 구조 혁신(Industry Architecture Innovation)'을 한 것 같긴 한데, 관리 혁신 기업은 아닌 것 같습니다.

"솔직히 저는 애플의 내부에 대해서는 잘 모릅니다. 일반적으로 스티브 잡스의 스타일을 보면 여전히 수직적 의사 결정 모델을 갖고 있는 것 같기도 합니다. 하지만 애플은 아름다움이라는 가치를 만들어 내고 이끌어 가고 있습니다. 이것은 다른 기업에선 찾기 어려운 열정 같은 것입니다.

스티브 잡스가 최근 아이패드 발표 때 했던 얘기 중에 '애플은 변함없이 기술과 인문학의 교차점에 서 있다(Apple has been always existed between technology and liberal arts)'라는 부분이 있습니다. 저는 지금껏 어느 기업의 CEO도 그렇게 말하는 것을 본 적이 없습니다.

애플이 재무나 기획 분야에서 다른 회사와 다른지는 잘 모르겠지만, 최소한 애플은 다른 형태의 관리 혁신 DNA를 가지고 있음을 알 수 있습니다. 직원들에게 왼쪽 뇌를 활용한 이성적 · 논리적 업무를 강조하기보다는, 오른쪽 뇌에서 말하는 창의적 · 예술적 감각이 더 중요하다고 말하는 분위기가 갖춰져 있다는 것이지요. 이는 제가 관리혁신에서 강조하는 '급진적 아이디어(Radical Idea)'와 맥을 같이하는 것이기도 합니다."

- 교수님이 강조하시는 '관리 혁신'의 의미를 다시 한 번 설명 부탁드립니다. "관리(Management)를 기술의 하나로 본다면, 저는 '사회적 기술(Social Technology)'이라고 봅니다. 다양한 층(scale)의 사람이 함께 모이도록 하는 기술이고, 인간을 완성(Human Accomplishment)시켜 주는 기술이라고도 생각합니다.

문제는 지금 세상이 산업혁명에 버금가는 급진적인 변화를 겪고 있는데, 현재의 관리 시스템은 100년 전과 마찬가지라는 겁니다. 이전 세대의 경영 파이어니어들은 사람을 고용해 할당받은 일을 정확히, 또 성실히 이행하는가에 초점을 맞추어 왔죠. 기강과 효율이 모든 것의 기준이었습니다.

그러나 지금의 딜레마는, 진짜 가치란 것이 기강뿐만 아니라 창의적인 것, 창조적인 것에서도 나온다는 것입니다. 대부분의 회사는 지금도 비용 절감, 효율성, 기강과 같은 것을 DNA로 갖고 있습니다. 실험하고 혁신하고 창조하는 DNA는 갖고 있지 않습니다. 이제 이것을 바꿀 때가 됐습니다. 제가 주장하는 것은 이를 위해 관리 자체를 재창조해야 한다는 것입니다. 굉장히 큰 모험이지만 매우 흥미로운 것입니다."


## 2-2. 마틴 쿠퍼 핸드폰 개발자

**High Touch 휴대폰 – 인간과 한 몸 휴대폰**

부채 펴듯 양쪽 끝을 잡아당기면 가운데 있는 화면이 불쑥 솟아오르는 휴대폰, 시각장애인을 위해 점자(點字) 키패드를 갖춘 휴대폰…… 이달 초 LG전자 북미 휴대폰법인이 발표한 휴대전화 디자인 공모전 수상작들이다.

그런데 이런 노력이 불필요하게 될 날이 머지않았다고 한다. 바로 세계 최초로 휴대폰을 개발한 마틴 쿠퍼가 최근 미국 CBS방송에서 "머지않아 들고 다니는 휴대폰은 사라질 것"이라고 말했기 때문이다.

그는 전화기 발전이 카폰(Car Phone)에 머물던 1973년, 오늘날과 같은 무선전화를 개발해 '휴대폰의 아버지'로 불린다. 그는 공상과학드라마에 나온 휴대용 통신 기기에서 영감을 얻어 휴대폰을 만들었다고 한다.

'벽돌폰'이라 불리던 그의 휴대폰은 너무 무거워서 오래 통화할 수도 없었다. 그런 그가 이번에 미래의 휴대폰으로 전망한 형태는 '사람 귀 안에 심는 전화기' 이다. 인간의 몸과 하나 되는 기계인 셈이다.

크기가 작은데다 몸 안에 있어 외부로 노출되지 않으니 디자인에 지나치게 공을 들일 필요도 없다. 휴대폰 디자인 무용론의 근거다. 쿠퍼가 말한 미래의 휴대폰은 우리 몸의 일부나 마찬가지다.

혼잣말로 '홍길동을 바꿔줘'라고 하면 귓속 전화기가 알아서 걸어줘 통화를 할 수 있다. 휴대폰 문자도 말 한마디면 상대방 귀에 고스란히 전달된다. 채팅도 귓속 휴대폰으로 하면 된다.

공상과학 만화나 영화에서 볼 법한 사이보그가 남의 얘기가 아닌 셈이다. 구글이 애플 아이폰의 대항마로 내놓은 안드로이드폰의 어원도 그리스어로 '인간을 닮은'이라는 뜻이다. 사이보그를 지향한다는 의미를 담은 것이다.

몸에 심는 휴대폰은 기능이 여러 가지다. 실시간으로 맥박, 체온, 혈압을 측정해 주고 질병 예측 기능도 한다. 결제수단으로도 활용돼 현금이나 카드 없이 몸속 휴대폰만으로도 경제활동을 불편 없이 할 수 있게 된다.


박물관이나 미술관에서도 RFID(무선주파수인식) 칩이 내장된 전시 작품에서 귓속 휴대폰으로 음성 해설을 들려주고 날씨와 교통 관련 정보들도 몸 안의 휴대폰 하나로 다 들을 수 있다.

휴대폰의 진화에 따른 인류의 사이보그화를 앞둔 요즘, '사이보그 되기' 실험을 계속해 온 과학자에 대한 관심도 높아졌다. 영국 레딩대학 교수인 케빈 워릭이 20여 년 전에 시작한 프로젝트명은 '사이보그'다.

그는 1988년 자기 팔의 피부 안에 실리콘 칩 송수신기를 심었다. 손가락 하나 까닥할 필요도 없이 그가 다가가기만 해도 문이 열리고 불이 켜지고 히터가 켜졌다. 몸에 있는 칩이 컴퓨터로 위치정보를 전송했기 때문이다.

그는 비자나 출입증, 혈액형과 병력(病歷) 같은 정보도 심어 자동 갱신할 수 있다고 생각했다. 한 걸음 더 나아가 '사이보그 2.0'이라 불린 2002년 실험에서 그는 팔과 손목의 신경조직에 100개의 전극이 달린 칩을 심었다.

손을 움직이면 칩에서 신호를 쏘고, 이것을 받은 로봇 팔이 그대로 움직이도록 하는 것이었다. 그는 아내 몸에도 송수신장치를 심어 텔레파시에 도전했다. 말 대신 생각만으로도 서로의 감정을 주고받을 수 있다는 것이다.

그는 40년쯤 지나면 이런 시대가 진짜 올 것으로 보고 있다. '호모 사이보그'의 시대는 밝아 보이지만 부작용도 있다. 자기 기호(嗜好) 등 모든 정보가 몸속 칩에 담겨 쉽게 주고받을 수 있어 사생활 침해 문제가 부각된다.

2002년 케빈 워릭도 어린이 납치를 예방하기 위해 몸 안에 칩을 심는 방안을 추진했다가 반대에 뜻을 접었다. 하지만 몸속 휴대폰을 예견한 마틴 쿠퍼는 사생활 침해에 대해 달리 생각한다.

그는 "사생활 침해는 과거 얘기이고 이젠 새로운 마음가짐을 가져야 한다"며 "나에 대해 남이 잘 알게 되면 내 취향을 맞춰 줄 것이므로 훨씬 더 즐거울 것"이라고 했다.


## 2-3. 존 코터 교수

### 머리(Mind) 경영/가슴(Heart) 경영

'위기, 위기' 남발하면 위기 불감증이 걸린다.

美 하버드대 존 코터 교수가 말하는 '진정한 변화를 일으키는 리더십은 무엇인가?' 회사가 어렵다, 죽겠다며 TF팀 만들고, 미팅 또 미팅…… 위기감을 계속해서 조성하면 직원은 무뎌지고 숨는다. 위기에 필요한 건 '긍정의 힘'…… 비전과 기회를 보여 줄 때 진정한 위기의식이 생긴다…… CEO여, 희망을 말하라.

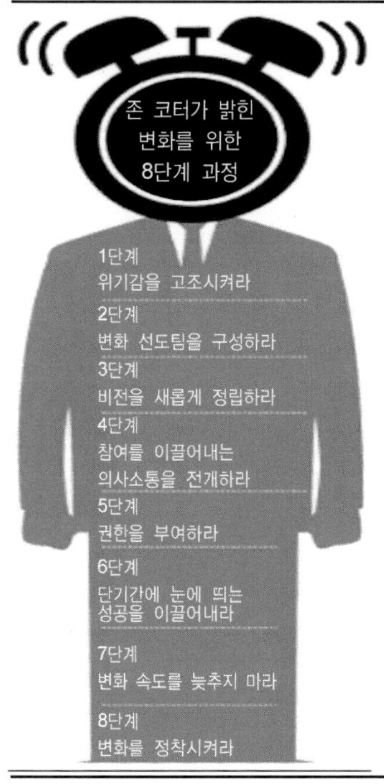


"일, 일, 일하세요!"

최고경영자의 입에서 외마디 절규가 터져 나온다. 회사 안팎이 한 치 앞을 내다볼 수 없는 위기 상황인데도 직급이 두 단계만 내려와도 직원들은 전혀 다른 세계에 살고 있다. 위기 상황을 직시하지 못하고 혁신에 대해서도 별다른 필요성을 느끼지 못한다. 그들은 오로지 자신에게 익숙한 것, 지금까지 쭉 해 온 것에만 집착할 뿐이다. 무사안일주의가 팽배한 조직이다.

사장은 마냥 열심히 일하는 것 외엔 달리 해결책이 없다고 생각한다. 그래서 직원들은 부산하게 돌아다니며 회의에 회의를 거듭하고 파워포인트로 프레젠테이션을 하며 태스크포스가 구성된다.

하지만 이 모든 것은 헛일이 될 가능성이 크다. 조직에 진정한 위기감을 심는 데 실패했기 때문이다. 사람들이 부산하게 움직이긴 하지만 어떤 목표를 달성하기 위한 생산성과는 거리가 멀다. 그들이 부산하게 움직이는 이유는 보스나 힘 있는 윗사람에게 일하고 있다는 것을 보여 주고 스스로도 일함으로써 두려움에서 벗어나려고 하기 때문일 뿐이다. 결국 무사안일주의보다 더 나쁜 결과를 초래할 수도 있다. 구성원들의 에너지를 허비시켜 조직 전체의 능률을 떨어뜨리기 때문이다.

결국 무사안일주의보다 더 나쁜 결과를 초래할 수도 있다. 구성원들의 에너지를 허비시켜 조직 전체의 능률을 떨어뜨리기 때문이다.

리더십과 변화 관리 분야의 세계적 대가 중 한 사람인 존 코터(Kotter, 55세) 하버드대 경영대학원 교수는 이 사례를 예로 들면서 "CEO를 포함해 거의 모든 조직 구성원이 물불 가리지 않고 일하는 것이 진정한 위기감이라고 잘못 생각하고 있다"고 말했다. 문제는 글로벌 경제위기 이후 많은 곳에서 이런 현상을 발견할 수 있다는 점이다. 코터 교수는 케임브리지의 하버드스퀘어 자택에서 가진 인터뷰에서 "2~3년 전만 해도 무사안일이 더 위험했으나 지금은 잘못된 위기감이 더 문제"라고 말했다.

■ 바깥세상에 늘 귀를 기울이라.

그렇다면 진정한 위기감이란 무엇일까? 코터 교수는 "기회를 더 많이 보는 것"이라고 강조했다. 그는 인터뷰 도중 가끔씩 '음~' 소리를 내며 신중하게 단어를 골랐다.

– 잘못된 위기감을 어떻게 진정한 위기감으로 바꿀 수 있습니까?

"첫 번째 할 일은 일단 진정시키는 것입니다. 더 이상 태스크포스나 미팅도 만들지 말고요. 대신 지금처럼 우리를 겁먹게 하는 상황에서도 늘 기회가 있다는 점을 주지시키며 보다 생산적인 일을 찾아야 합니다. 어디에 큰 기회가 있는지 찾아봐야 합니다. 그러다 누군가 기회를 발견하기 시작하고 사람들은 흥분하게 됩니다. 이런 흥분을 엮을 때 진정한 위기의식이 나옵니다."

그는 위기감을 조성하기 위해 '불타는 갑판' 전략(갑판에 불이 붙었으니 뛰어내려야 한다는 식으로 위기감을 조성해 변화를 도모하는 전략)을 사용하는 데는 신중해야 한다고 말한다.

"불타는 갑판으로 상징되는 위기감을 상시적으로 조성하면, 잘못된 점을 수정하는 것 이상으로 조직에 상처를 줄 수 있습니다. 따라서 불타는 갑판 전략을 사용해 조직을 일깨웠다면 곧바로 사람들의 두려움을 보다 긍정적인 힘으로 바꿔야 합니다.

사람들의 머리를 때려 주의를 끌었다면 다음엔 거기서 벗어나야 한다고 말할 뿐만 아니라 더 나은 곳이 있고 그곳으로 가야 한다고 말할 수 있어야 합니다. 끊임없이 위기감을 조성하는 것은 지속되지 않습니다. 위기감은 닳고 바래며 사람들은 숨고 스스로를 보호하려고 하기 마련입니다."

■ "기회가 열망과 묶이면 60대 CEO도 놀라운 일을 한다"

– 코터 교수는 리더십과 변화 관리 분야의 대가이다. 그러나 변화는 사람들이 가장 싫어하는 일 중 하나다. 그는 어떻게 변화를 이끌어 낼까?

이 질문에 대해 그는 미국 속담 하나를 소개하면서 공감을 표했다. "아는 악마가 낫다(Better the devil you know)"는 속담이다. "사람들은 지금 처해 있는 상황을 그리 좋아하진 않더라도, 새로운 상황으로 이동하는 것은 더 싫어한다는 뜻입니다. 그렇기 때문에 나이 든 사람보다 젊은 사람들이 변화를 잘 수용합니다."

– 하지만 교수님은 나이 든 경영자들에게도 '변화하라'고 주문합니다. 그들을 어떻게 변화시키나요?

"모든 사람은 성공하길 원합니다. 다른 사람으로부터 좋은 평가를 받고, 영웅이 되고자 하는 마음이 있습니다. CEO들 가운데는 역사가 어떻게 자신을 기록할지 생각하는 사람도 있습니다.

문제는 많은 고위 경영자들이 조직이 근본적인 변화를 시도해 성공하는 것을 별로 보지 못했다는 데 있습니다. 대개는 반대의 경험을 가지고 있죠. 즉 변화를 시도했지만 별로 성공하지 못한 경험이 많습니다.

그래서 그들은 두려워하게 되고, 보수적인 경향이 있습니다. 하지만 어떻게 변화할 수 있는지, 단지 다른 사람의 이론이 아니라 실행 가능한 현실이라는 것을 보여 주고, 이것을 뭔가 하려고 하는 그들의 열망과 묶어 주면 심지어 60대의 CEO도 놀라운 일을 할 수 있습니다."

☞ 존 코터 교수는 변화와 리더십 분야의 대가. 그가 쓴 세계적 베스트셀러 『기업이 원하는 변화의 리더 · Leading Change · 1996』는 기업이 성공적인 변화를 실천하는 8단계를 제시해 경영자들의 '변화 바이블'로 불린다. 그는 최근 '코터 인터내셔널'이란 컨설팅 회사를 설립했다.

지금까지 18권의 책을 썼는데, 이 가운데 12권이 베스트셀러가 됐다. 150개국에서 모두 300만 권이 팔렸다. 2001년 비즈니스위크는 그를 리더십 분야 최고의 구루로 선정했다. MIT와 하버드대를 졸업한 뒤 1972년부터 하버드대 교수로 재직 중이며, 1980년 33세의 나이로 종신교수직을 따냈다.

[존 코터 교수가 뽑은 '리더십이 탁월한 CEO'] 월마트 샘 월튼, GE 잭 웰치 "그들은 직원들의 마음을 샀다"

커터 교수는 "리더는 사람들의 '머리(Mind)'보다 '가슴(Hearts)'을 사야 한다"고 늘 강조하곤 한다. 그는 종업원들의 마음을 사는 데 탁월했던 경영자로 월마트의 샘 월튼(Walton) 전 회장을 꼽았다. "그는 놀라운 업적을 이뤄 냈지만 직원들에게 가장 많은 월급을 준 CEO는 아니었습니다. 하지만 직원들은 그를 위해 일하는 것을 좋아했죠."

"그는 직원들을 존중하고, 더 유익한 일을 하도록 격려했습니다. 그는 끊임없이 매장을 방문해 직원들과 얘기를 했지, 그래프와 차트를 집어 들지 않았습니다."

– 잭 웰치 전 GE 회장에 대해서는 어떻게 생각하십니까?

"잭은 어떤 위기도 없었던 상황에서 큰 조직을 다시 탄생하게 했습니다. 물론 그는 터프가이입니다. 뭔가 위대한 일을 하는 데 있어선 양보가 없습니다. 그는 늘 높은 기준을 가져야 한다고 생각합니다. 하기 싫고 불편한 일이라도 그저 뒤에 앉아 있어서는 안 된다는 것을 의미합니다. 그래서 그는 결단력 있고 단호하게 행동했습니다. 그가 비열해서 그런 게 아니라 대단해서 그런 것입니다. 성과를 못 올린 직원을 바로 불러내 자르는 것을 의미하는 건 아닙니다. 회사 주요 간부의 조카라고 하더라도 성과를 못 올린 경우에는 정면으로 지적할 수 있는 단호함을 의미합니다."

– 그는 직원들을 많이 해고해 '중성자 잭'이라는 별명이 붙었습니다. 직원들의 마음을 샀다고 볼 수 있을까요?

"물론 모든 사람의 마음을 산 것은 아닙니다. 하지만 충분히 많은 사람의 마음을 사서 오래된 조직을 움직이게 할 만큼 에너지를 불어넣었습니다. 가령 소비자 가전의 경우 일본의 경쟁자들에 비해 GE는 뒤떨어졌어요. 거기에 투입되는 재원을 활용하면 GE만 할 수 있는 일에 사용할 수 있음에도 불구하고 계속 그렇게 하지 않았죠. 그것을 잭이 정리했습니다. 단기적으로 일부 사람들은 상처를 받았을 수 있습니다. 하지만 많은 간부, 사원들은 그가 느릿느릿 움직이는 '정치적 동물'로 남는 대신, 오래된 조직을 새롭게 만들고 위대한 일을 하기 위해 대담한 시도를 벌였다는 데 경의를 표시하고 자극을 받았습니다."

코터 교수는, 사람의 마음을 산 지도자들은 스타일에 관계없이 기본적으로 비슷한 일을 한다고 강조했다.

"그들은 주식시장이나 월급봉투를 쳐다보는 대신 고객을 우선시하고, 일을 복잡하지 않고 단순하게 가져갑니다. 많은 사람을 이해시켜 그들의 협력과 도움을 구하려면 단순해야 하니까요. 그들은 또 명료하게 의사소통을 합니다. 모든 일을 분명하게 말하죠. 또한 그들은 엄청난 열정을 갖고 있습니다."

포춘(Fortune)이 몇 년 전 10여 명의 CEO를 초청해 모임을 가진 적이 있었다. 그 자리엔 잭 웰치 전 GE 회장과 허브 캘러허 전 사우스웨스트항공 회장도 포함돼 있었다. 두 사람은 모두 성공한 CEO였지만, 성격은 매우 달랐다. 캘러허 사장은 양복을 입지 않고, 술을 잘 마시고, 담배도 즐기며, 끊임없이 농담을 던지는 사람이었다. 하지만 포천이 발견한 것은, 웰치와 캘러허 두 사람이 거의 모든 것에 대해 서로 생각이 같다는 점이었다. 코터 교수는 파나소닉(옛 마쓰시다전기)의 창시자인 마쓰시다 고노스케의 전기를 쓴 적이 있는데, 그 역시 서구의 CEO들과 생각이 다르지 않았다고 말했다.

"결국 그들은 모두 같았습니다. 인간의 본성은 비슷합니다. 프랑스 인이건 아르헨티나 인이건요. 물론 각국의 문화가 다르죠. 하지만 기본적인 것, 큰 그림을 그릴 때는 기본 원칙이 적용됩니다. 어떻게 사람들을 이끌고, 사람들의 마음을 사며, 근본적인 변화를 일으키는지는 어디든 관계없이 적용됩니다."


## 2-4. 라레슈 교수

### 기업이윤과 사회기여경영

"기업의 가장 큰 목적은 자원을 이용해 최고의 효율을 올리면서 궁극적으로는 사회에 가장 큰 행복을 가져다주는 것이어야 합니다." 유럽을 대표하는 마케팅 석학인 장 클로드 라레슈(Larreche) 인시아드 교수는 '기업의 목적이 무엇이냐'는 질문에 이같이 명쾌한 답을 내놓았다. 6개월 만에 조선일보와 인터뷰에 다시 응한 그는 예상 밖의 얘기 보따리를 풀어 놓았다.

"최근 제 책을 읽은 이브(Yves)라는 파리의 독자 한 분이 내게 전화를 걸어 왔습니다. 몇 달 전 제 책『모멘텀 효과(Momentum Effect)』를 읽었는데 자기 인생이 바꿰었다며 만나고 싶다고 말하더군요. 그는 프랑스에서 명함 제작 1위 기업의 회장이었는데, 지금은 은퇴한 상태였어요. 그는 '일을 하면서 더 많은 재미와 가치를 창조할 수 있었는데 돈만 벌려다 그 기회를 놓쳐 버렸다'고 후회했어요. 제 책을 읽고 나서야 그걸 깨달았다는 거죠. 그래서 회사 직원들 앞에서 이런 자신의 생각을 발표했다고 합니다."

그래서 어떻게 됐을까? 직원들의 반응은 예상외로 열정적이었다. 1시간으로 예정했던 대화의 시간은 밤늦게까지 서너 시간 동안 이어졌다. 직원들이 이 같은 에너지를 보여 준 것은 처음이었다. '명함을 만드는 일이 우리 회사의 일인데도 정작 명함을 갖고 다니는 건 경영진과 판촉사원들뿐이었다'는 자기반성과 함께 '주변의 모든 사람에게 우리 명함을 나눠 주자'는 아이디어도 나왔다.

"그들은 이날 나온 얘기들을 모두 실천했어요. 명함을 자신의 친인척 및 친구들에게 나눠 주고, 각종 소포에도 예쁜 명함을 붙이는 등 52개의 새로운 사업을 추진했다고 합니다. 열정과 자부심, 새로운 에너지의 효과라고 할까요. 결국 회사가 만든 명함은 단지 인쇄된 종이 쪼가리가 아니라 직원 자신의 열정과 개성, 중요한 가치관을 담고 있다는 것을 느낀 것입니다."

라레슈 교수는 이브 씨가 한 다음과 같은 말이 특히 인상 깊었다고 했다. "이제 우리가 하고 있는 일에 재미를 느끼고 있어요. 우리가 왜 30년 일찍 이렇게 하지 못했을까 후회스러워요."

라레슈 교수는 기업이 스스로 에너지를 축적해 성장의 가속도를 내는 '모멘텀 효과'를 통해 '효과적이고 지속적인 성장', '고객에 기초한 *성장*'을 하는 것이 앞으로 기업경영의 키워드가 될 것이라고 했다.

그는 "지난 2세기 동안 기업은 무수히 많은 일을 해 왔지만, 거기엔 많은 논란과 낭비, 남용, 단기적 재앙 등이 따랐다"고 했다. "우리는 이런 진보들을 때로는 야만적으로, 특히 인간 존중과 자원 활용이라는 면에서는 항상 아마추어적으로 이뤄 왔습니다. 이제 우리는 보다 전문적이고 효율적으로 인간을 존중하면서 진보하는 법을 배워야 합니다."

그에게 내년 경제 상황이 어떻게 될지 물었다. "확실히 좋아질 겁니다. 그러나 모든 사람에게 그런 것은 아닙니다. 어떤 진화도 모든 이에게 공평하게 효과를 미치진 못합니다. 더 좋은 세상을 만들려고 정직하게 일하는 사람에겐 더 좋은 미래가, 세상에 바람직하지 못한 일을 하면서 자신의 부(富)만 키우는 이기적인 사람에게는 좋지 못한 미래가 기다리기를 바랍니다."

그는 섣부른 미래 예측은 사양했다. 미래를 앞질러 예상하려는 대부분의 시도는 스스로를 바보로 만들 뿐이라는 것이었다. "저는 다만 미래에 대한 비전과 꿈과 열망을 갖고 있을 뿐입니다. 그리고 내 행동과 생각 속에서 그것들을 실현하기 위해 최선을 다할 거예요."

<출처: 조선일보 배성규 기자 면담자료>


## 2-5. 노구치 요시아키(野口吉昭)

### 소통경영 - 직원, 고객, 주주, 지역사회

"비즈니스는 곧 소통…… 이메일·문자 대신 직접 이야기하라."
한국기업의 약진 놀랍지만 삼성·LG 외엔 日서 잘 몰라.
자동차나 비행기 첨단기술 日 추월하긴 여전히 힘들 것.
컴퓨터만 쳐다보지 말고 복도에서 서로 얘기하라.
기업의 웨이(Way)는 쉽고 공감할 수 있어야.
기업의 비즈니스에서 개인에게 요구되는 가장 중요한 능력은 무엇일까? 영업력? 아니면 기획력이나 추진력?

일본의 조직·인재 관리 전문 컨설팅 기업 'HR 인스티튜트'의 노구치 요시아키(野口吉昭) 대표는 "영업도, 기획도, 또 이를 추진하는 것도 모두 '커뮤니케이션(Communication·소통)'에서 출발하니 소통 능력이 가장 중요하다"고 말한다. "소통 능력은 회사의 생존력이며, 비즈니스는 곧 소통"이라는 것이 그의 경영철학이다.

소통의 힘을 유독 강조하는 그는 지난 20여 년간 파나소닉·혼다·도요타·히타치·덴소 등 일본 대표 기업들을 컨설팅했다. 80권이 넘는 경영 관련서를 써 일본 내에서 조직관리와 인재경영 분야의 대가(大家)로 인정받고 있다.『컨설턴트의 질문력』과『3의 법칙』등의 책이 히트를 치면서 대중적으로도 유명하다. 최근엔 회사 내 소통과 프레젠테이션, 전략시나리오 기법에 대한 비결을 담은『노하우 두하우(Know−how, Do−how)』라는 책도 냈다.

Weekly BIZ는 최근 국내 주요 그룹 임원들을 대상으로 한 세계경영연구원(IGM) 특강에서 노구치 대표를 만났다. 덥수룩한 턱수염과 호탕한 웃음이 주는 수더분한 인상과 달리, 그는 돌발적인 질문에도 하나하나 구체적인 사례를 들며 척척 답을 내놓았다. 타고난 컨설턴트였다. 16년 만에 한국에 왔다는 그는 "거리가 너무 깨끗해지고, 경영자들이 대단히 젊어졌다. 일본을 대하는 기업인들의 태도에서 자신감이 묻어난다"고 말했다.

■ 글로벌 경영과 리더 육성이 절실
− 요즘 일본에선 '한국을 배우자'는 이야기가 많이 나옵니다.

"한국기업들의 약진에 모두 감탄하고 있는 것은 사실입니다. 하지만 한국기업의 성공사례를 참조해서 일본의 경영 스타일을 바꿔야 한다는 정도는 아닙니다. 특히 삼성이나 LG를 제외한 다른 기업들에 대해서는 여전히 잘 모르는 것이 현실이죠.

또 한국이 양적으로는 일본을 추월할 수 있지만, 기술이나 생산 품질에 대해서는 여전히 힘들다고 보는 사람들이 많습니다. 부품이 수백 개 수준인 휴대폰 등 IT 분야에서는 몰라도, 수만~수십만 개의 부품이 들어가는 자동차나 비행기 같은 분야에서는 수십 년간의 축적된 경험이 필요합니다.

최근 일본 산업계에서는 첨단 기술에 대한 특허 신청을 하지 말아야 한다는 주장이 나오고 있습니다. 특허 신청을 하면 기술 내용이 한국이나 중국기업에 공개돼 힌트를 주게 된다는 거죠."

－ 한국에서 최근 화제가 된 기업 중 하나가 일본전산인데, 일본 경영계에서는
어떤 평가를 받나요?

"일본전산은 교세라(京セラ)를 따라가는 기업이라는 인식이 있습니다. 교세라의
이나모리 가즈오(稻盛和夫) 회장이 하는 여러 가지 경영 스타일을 일본전산 나가
모리 시게노부(永守重信) 사장이 따라 한다는 겁니다. 교세라 본사에 불이 켜져 있
으면, 자기도 일본전산 사무실을 확인한 뒤 불이 켜져 있으면 안심을 한다는 것이
나가모리 사장입니다.

나가모리 사장의 경영 핵심은 인수합병(M&A)입니다. 적자 회사를 인수한 뒤
그 회사의 직원들을 해고하지 않고 아주 열심히 일해 달라고 요구하죠. 덕분에 경
영 성과는 좋지만, 일본전산의 조직운영이나 경영방식이 높은 평가를 받고 있지
는 않습니다. 개인적으로는 나가모리 사장을 좋아하고, 존경합니다. 하지만 일본
전산이 일본의 트렌드라고는 볼 수 없습니다."

도요타 사태에 대한 의견을 물었다. 그는 "일본에서는 정치적 배경에 대해 많
이 얘기하지만, 실제로 품질의 문제가 있었던 것도 사실"이라고 했다. "글로벌 경
영의 기술이 부족했다"는 지적도 했다. 그는 4년 전 일을 끄집어냈다.

"도요타는 당시 코롤라(Corolla)라는 모델을 전 세계에서 동시 생산·판매하려
했습니다. 하지만 일이 자꾸 지연되고 사소한 문제들이 불거져 결국 실패하고 말
았죠. 품질관리, 판촉, 홍보 등에서 손발이 잘 안 맞았습니다. 이번에 미국에서도
그때와 비슷한 문제가 벌어졌다고 생각합니다."

그는 요즘 일본 경영자들의 가장 큰 고민도 이와 밀접한 연관이 있다고 했다.
"해외에 나가서 어떻게 성공적인 경영을 할 수 있을지. 글로벌 리더를 어떻게 육
성할지가 가장 큰 과제입니다. 단순히 영어를 잘하느냐의 문제가 아니라, 다른 문
화 환경에 어떻게 잘 적응해 비즈니스를 할 수 있느냐는 거죠. 이는 결국 기업의
소통 문제와 연관이 있습니다."

■ 회사와 개인의 경쟁력은 소통 능력에 달렸다
기업의 소통대상－1) 내부사원, 2) 고객, 3) 주주, 4) 지역사회

－기업경영에서 소통의 중요성을 강조하는 이유는 뭡니까?

"기업의 소통은 기업의 목적을 달성하기 위한 가장 중요한 수단입니다. 예를 들어 영업사원의 경우 각자의 실적이 중요하니까 이들 간의 소통은 중요치 않다고 생각할지 모릅니다. 하지만 영업사원 간에도 왜 누구는 실적이 좋고, 어떤 물건을 잘 파는지 이야기를 하면서 장단점을 보완해 나가야 합니다. 이를 통해 팔지 못하는 영업사원은 잘 팔게 되고, 잘 파는 영업사원은 더 잘 팔게 됩니다. 결과적으로 팀 전체가 목표 달성을 하고, 더 높은 목표를 세울 수 있습니다. 기업 내부뿐만 아니라 고객, 주주, 지역사회와의 소통도 기업 활동의 시작점입니다."

－경영자의 입장에서 조직 내 소통이 잘 되는지 안 되는지 알 수 있는 방법이 있나요?

"저는 다양한 기업체에 교육을 나가는데, 가끔 지각하는 사람이 눈에 띕니다. 저는 이것이 소통이 좋지 않다는 증거라고 생각합니다. 사내 교육에서 지각자가 나오는 것은 교육 시간과 장소 같은 기본 정보에 대한 전달이나 교육의 필요성 인식과 동기부여 등이 제대로 되지 않았기 때문입니다. 또 어떤 기업의 복도를 지나가는데, 직원들이 서로 활발하게 이야기를 나누지 않고 전부 컴퓨터에 머리를 박고 있다면 역시 소통이 안 되는 기업이란 증거입니다. 직원들이 직접 만나기보다 문자메시지나 이메일로 이야기를 주고받는다면 이 기업 역시 문제가 있습니다. 이메일이나 문자메시지가 편리하긴 하지만, 너무 생산성만 집착하면 소통이 안 됩니다."

요즘 기업 내 소통의 중요한 키워드로 등장하고 있는 것이 기업의 비전과 사명, 핵심가치가 녹아 있는 '웨이(Way·추구하는 방향)'다. 그는 "보통 창업자의 이념을 '웨이'로 삼곤 하는데, 어떤 경우든 반드시 알기 쉽고, 전 사원이 공감할 수 있어야 한다"고 말했다.

그는 혼다와 파나소닉을 예로 들었다. "혼다는 창업자의 이념인 '꿈', 그리고 '세계 최고'가 웨이입니다. 매우 쉽고 간명해서 경영자뿐만 아니라 현장의 말단 사원도 모두 다 알죠. 반면 파나소닉은 창업자인 마쓰시타 고노스케(松下幸之助)가 제시한 '산업보국(産業報國)'인데, 지금의 시대와는 맞지 않아요. 현장의 젊은 직원들이 전혀 공감하지 못했죠.”

그는 실패 사례로 소니를 들었다. “소니는 ‘건강하고 유쾌한 일터(공장)’가 웨이였는데, 요즘 회사 경영은 반대로 가고 있습니다. 플레이스테이션 3을 보세요. 처리 속도가 빠르고, 영상이 좋고, 용량이 큰 게임기를 만드는 데 집착하다 재미가 없는 상품을 만들어 버렸죠. 그런 의미에서 닌텐도가 훨씬 더 성공적입니다. 닌텐도의 웨이는 웃는 얼굴, 그리고 가족입니다. 닌텐도는 가족들이 함께 즐길 수 있는 게임기를 만들어 내고 있죠.”

　－한국에선 기업이 원하는 인재를 대학이 내놓지 못한다는 비판이 많습니다. 일본은 어떻습니까?

“일본은 더 심각합니다. 일본기업의 인사 담당자들은 아예 대학 교육에 대해 포기했습니다. 그래서 어떻게든 자기 개발을 잘하고 인격적으로 성장한 사람을 채용해 기업이 육성할 수밖에 없다고 생각합니다. 일본의 기업들은 점점 간부가 될 사람과 못 될 사람을, 일본의 대학교는 좋은 회사에 들어갈 인재와 못 갈 사람을 구분하기 시작했습니다. 삼성이 이런 생각이 강하지 않나요. ‘천재 한 사람이 수만 명을 먹여 살린다’고 하지 않았습니까. 이런 생각이 지금 일본기업들 안에서도 팽배하고 있습니다. 이런 부분에서는 한국이 일본을 앞서가고, 훨씬 냉정한 것 같습니다.”

## ▶ 국내 경영전략 ◀


## 2-6. 박성수(이랜드 회장)

### 관리중심 - 인간중심 경영

　－ “또 하나의 ‘신의 직장’이 탄생했다.” “짠돌이로 소문난 이랜드에 무슨 일이

벌어진 거지?”

지난 22일 이랜드가 직원들의 임금을 최고 50% 인상하고, 순이익의 10%를 적립해 은퇴하는 직원들에게 주기로 했다고 발표하자 터져 나온 반응이다. 이 같은 파격적인 제도 도입은 검소하기로 소문난 박성수 회장(57)의 결단이었다. 창사 30년을 맞은 이랜드는 매출 7조 원, 영업이익 5,000억 원이라는 최고의 실적을 거뒀다. 그는 그 공을 묵묵히 따라와 준 직원들에게 돌리기로 한 것이다.

특히 순이익을 떼어내 은퇴자들에게 노후보장자금으로 주기로 한 결정에 직원들은 감동했다는 후문이다. 이랜드 지주회사의 지분 70%가량을 박 회장이 소유하고 있기 때문에 사실상 자신의 몫을 직원들에게 나눠 주는 셈이기 때문이다. 박 회장의 평소 검소한 모습을 잘 알기에 직원들이 보내는 박수는 더 컸다.

박 회장은 승용차 ‘카니발’을 손수 몰고 출퇴근한다. 점심은 항상 집에서 싸 온 도시락을 애용하고, 사무실에서는 자장면을 즐겨 먹는다. 해외출장 때도 비행기는 늘 이코노미석만 고집한다. 청바지를 자주 입고, 수행원 없이 혼자 매장 곳곳을 방문한다.

그의 소탈함을 보여 주는 이런 일화도 있다. 1990년 겨울 졸업을 앞둔 한 여대생이 신입사원 면접을 보러 이랜드 사옥을 방문했다. 중년 남성 여러 명이 로비에서 청소하고 있었다. 면접장소를 몰랐던 그녀가 사람 좋아 보이는 한 ‘아저씨’에게 장소를 물었다. 몇 시간 뒤 면접장에 들어선 그녀는 면접관을 보고서 아연실색했다. 면접장을 알려 줬던 아저씨가 바로 박 회장이었기 때문이다.

이런 박 회장의 생활습관 때문에 1990년대 중반까지만 해도 이랜드맨 하면 ‘아침밥을 담은 도시락 가방을 든 채 해도 뜨기 전에 회사에 나오는 사람들’로 업계에 알려져 있었다.

박 회장이 새벽 6시에 출근하며 독려한 탓에 직원들도 ‘아침형 인간’이 되지 않을 수 없었다. 이랜드가 ‘패션 사관학교’로 불리게 된 것도 이 같은 팍팍한 교육으로 기본기가 제대로 된 패션전문가를 키워 내고 있기 때문이다.

하지만 이렇게 애써 키운 인재들을 경쟁업체들이 거액의 연봉을 앞세워 빼가는 일이 잦아졌다. 박 회장이 ‘업계 최고 수준’이라는 카드를 꺼내든 것도 직원들을 지키고, 전력을 정비해 글로벌 기업으로 나가겠다는 의지의 표현이다. 박 회장은 "회사가 성장하더라도 창업 초기 초심을 잃지 않고 늘 겸손하게 행동해야 한다"고 입버릇처럼 말한다. '김밥 송년회' 전통도 그 연장선이다. 박 회장은 매년 연말이면 임원 50여 명과 함께 한자리에 모여 김밥을 만다. 송년회 때 김밥을 말아 같이 먹을 만큼 어려웠지만 꿈이 있었던 초창기를 기억하고 전수하겠다는 게 박 회장의 생각이다. 인수·합병을 통해 식구들이 많이 늘었지만 그는 이 전통을 이어 가고 있다. 박 회장의 지론 가운데 또 하나는 "공무원은 정직한 사람을 가장 무서워한다"는 것이다. 그래서 웬만한 규모의 기업이면 당연히 하기 마련인 이른바 '대관 업무'라는 게 이랜드에는 존재하지 않는다. 이렇게 체계화된 '윤리경영 원칙'은 1997년 외환위기 때 이랜드를 구하는 힘이 됐다. 유동성 위기에 몰려 회사가 부도 직전까지 가는 상황에서 미국의 투자회사로부터 3,200만 달러의 외자를 유치할 수 있었다.

워버그핀크스가 이중장부 없이 투명한 회계장부를 가진 이랜드의 정도경영을 확인하고 투자 결정을 내린 것이다. 박 회장은 당시 투자 유치에 대해 "장부 하나 들고 가서 따낸 계약"이라고 말하곤 한다.


### ■ 희망 플랜(Hope Plan)

이랜드그룹(회장 박성수)이 올해 매출 10조 원, 영업이익 1조 원을 달성한다는 야심 찬 목표를 세웠다. 작년 말 업계 최고 수준의 임금을 골자로 임직원 보상시스템을 도입한 이랜드는 올해 창사 이래 최대 규모인 2,500명을 채용한다.

이랜드그룹은 12일(2011년 1월) 올해 매출과 영업이익 목표를 각각 10조 원, 1조 원으로 세웠다고 밝혔다. 이는 사상 최대 실적을 기록한 지난해 매출 7조 4,000억 원, 영업이익 4,900억 원보다 각각 35%, 104% 늘어난 것이다.

이랜드 관계자는 "해외사업 호조와 그룹 역점 사업의 연착륙으로 그룹 전반의 사업체질이 강화되고 있다"며 "올해는 보다 공격적인 경영으로 성장과 수익의 두 마리 토끼를 잡아 '매출 10조-영업이익 1조 클럽'에 가입하는 원년이 될 것"이라고 밝혔다. 이랜드는 또 급격한 사세확장에 맞춰 창사 이래 최대 규모인 2,500명을 올해 채용할 예정이다. 이랜드 관계자는 "임직원에 대한 처우를 획기적으로 개선하고 올해 우수 인력을 대거 채용해 글로벌 기업으로 도약하는 발판을 마련하겠다"고 말했다.


## 2-7. 정동일(연세대학교 경영대학 교수)

### 종업원 주권주의

얼마 전 어떤 그룹의 연수원에 가서 리더십을 강의할 기회가 있었다. 강의를 하러 들어가다가 로비에 걸린 현수막을 보고 깊은 생각에 잠겼다. 그 현수막에는 다음과 같이 적혀 있었다. '우리 회사의 주인은 고객입니다.' 과연 그럴까? 요즘 경영에 대한 관심이 조금이라도 있는 독자라면 '소비자 주권주의' 내지는 '소비자 자본주의'라는 용어를 들어 보았을 것이다. 주주 자본주의가 가지고 있는 한계를 인식하고 보다 지속 가능한 성장을 달성하기 위해 고객 만족을 경영의 최우선 순위로 놓고 노력하자는 생각이다. 필자가 생각하기에 한국만큼 소비자 자본주의가 일찌감치 관심을 받고 잘 정착된 나라도 드문 것 같다. 그 이유는 한국의 소비자는 전 세계에서 가장 똑똑하고 까다롭기 때문이다. 특유의 근면성을 바탕으로 국내외 모든 정보를 취합해 제품과 서비스를 평가한다. 뛰어난 정보력을 바탕으로 기대치에서 1%라도 부족하면 가차 없이 냉정한 평가를 내리고 경쟁회사의 제품과 서비스를 찾아간다. 어디 이뿐인가? 본인이 겪은 경험을 블로그를 통해 '무슨 회사 제품은 절대 사용하지 말라'고 이야기하며 자신의 견해를 주위 사람들에게 적극적으로 강요하기까지 한다.

이런 수준 높은 고객을 상대해야 하니 한국기업의 고객에 대한 관심과 노력은 월드 클래스 수준이다. 한국기업들만큼 고객에 관심을 기울이고 집착 수준으로 이들을 만족시키기 위해 노력하는 조직도 많지 않을 것이다. 고객의 감성을 울리기 위해 어떤 일도 마다하지 않는 직원들이 있었기에 많은 한국기업들이 글로벌 마켓에서 승승장구할 수 있었다.

하지만 필자가 오늘 하고 싶은 이야기는 따로 있다. 소비자가 기업 활동의 중심에 놓이게 되고 고객 만족이 경영의 최우선 순위가 되면서 조직 구성원에 대한 관심이 소홀해지는 기업이 늘고 있다는 지적을 하고 싶다. 이런 기업의 CEO는 고객 만족을 위해서 직원들이 어떠한 희생도 감수해야 한다고 생각한다. 직원은 자신의 감정과는 상관없이 웃음과 친절을 강요당하고 그저 묵묵히 고객을 위해 봉사해야 하는 존재로 전락하게 된다. 소비자 자본주의가 잘못된 것이 아니라 고객 만족을 위해 모든 것이 희생되어도 된다는 리더들의 생각이 잘못되었다고 말하고 싶다. 며칠 전 글로벌 컨설팅 기업인 타워스 왓슨이 22개국 2만 명의 직장인을 상대로 업무 몰입도를 조사한 결과 한국인의 몰입도 비율이 전 세계 평균(21%)보다 현저히 낮은 6%에 그쳤다는 사실을 최고경영자는 심각하게 고민해 봐야 할 것이다.

미국 포춘지에서 매년 발표하는 가장 일하기 좋은 직장 100곳을 살펴보자. SAS, 구글, 제넨텍(Genentech), 스타벅스 등 지난 수년간 이 랭킹에 가장 많이 오른 회사들의 공통점이 무엇일까?

첫째, 놀랍게도 이들 기업의 CEO는 자신 있게 '종업원이 첫째고 고객은 둘째다'라고 이야기한다는 사실이다. 스타벅스의 창업자이자 CEO인 하워드 슐츠(Schultz)는 "직원이 행복해야 고객도 행복하다"라고 이야기하며 직원들의 행복을 경영에서 가장 중요시한다. 미국의 대표적 소프트웨어 회사 중 하나인 SAS의 CEO 짐 굿나잇도 "종업원을 행복하게 해 주고 최고의 혜택을 주는 것은 이들의 회사 성공에 대한 기여와 공로에 대한 존경심의 표현"이라며 '종업원 주권주의'를 실천하고 있다.

둘째, 이들은 종업원에게 고객 서비스를 일방적으로 강요하는 것이 아니라, 각자 업무의 소중함을 깨닫게 해 마음에서 자연스럽게 우러나오는 진정한 고객 서비스와 업무 몰입을 유도하고 있다. 세계 항암제시장의 선두 기업 중 하나인 제넨텍은 회사에 암 환자들을 자주 초대해 암 치료제를 개발하는 연구원들이 이들의 고통을 직접 보게 함으로써 일에 대한 의미와 회사에 대한 자부심을 자연스럽게 유도한다. 업무 몰입에 대한 강요와 부자연스러움은 찾아볼 수 없다.

기업경영의 궁극적인 목적은 이윤 창출이다. 이를 위해 우리 회사가 제공하는 제품과 서비스의 궁극적인 심판자인 고객의 만족도를 높이자는 소비자 주권주의는 환영받을 일이다. 하지만 고객 만족을 극대화하기 위해 선행돼야 하는 것이 바로 조직 구성원의 일과 회사에 대한 만족이라는 사실을 현명한 리더와 회사는 잘 알고 있다. 왜냐하면 회사에 의해 일방적으로 강요받는 친절과 업무 몰입은 진정성이 결여되기 마련이고 이는 오히려 고객 불만족으로 연결되기 때문이다.

오늘도 소비자 주권주의를 외치며 열심히 경영하고 있는 CEO에게 이야기하고 싶다. 현수막에 씌어 있는 '우리 회사의 주인은 고객입니다'란 글이 당신 회사의 직원들에게는 '당신들은 열심히 일하지만 이 회사의 주인은 아닙니다'란 메시지로 보인다는 사실을. 당신 회사의 진정한 주인은 고객이 아니라 하루 10시간 이상씩 회사를 위해 묵묵히 일하고 있는 직원들이라는 사실을 빨리 깨닫기 바란다. '종업원 주권주의'여 영원할지어다!


## 2-8. 이문규(연세대학교 경영대학 교수)

### 종업원만족/고객만족


우리는 흔히 '서비스는 물건 장사가 아니라 사람 장사'라는 말을 듣는다. 서비스는 사람과 사람 사이의 상호 교류에 의해 창출되고 제공되기 때문에 서비스를 제공하는 사람의 중요성을 강조하지 않을 수 없다. 서비스 제공자의 수준이 서비스의 품질을 결정한다고 해도 과언이 아니다. 따라서 서비스 기업의 성공은 소비자들을 직접 상대하는 접점요원, 즉 종업원들에 의해 좌우된다. 전통적인 마케팅 믹스는 4P(Product, Place, Price, Promotion)를 강조한다. 여기에 빠뜨릴 수 없는 새로운 P가 사람(People)이다.

## 1) 서비스 문화

서비스를 제공하는 직원의 책임을 논하기에 앞서 우리는 좀 더 큰 그림을 봐야 한다. 회사 내 직원의 행동은 기업의 문화, 즉 기업의 규범과 가치에 크게 영향받는다. 기업문화는 '기업의 조직원들이 공유하는 가치와 믿음으로서 조직원에게 기업의 의미를 부여하고, 기업에서의 행동에 대한 기준을 제공하는 것'이라고 정의할 수 있다. 문화는 쉽게 이야기하자면 '이곳에서 행해지는 일의 방식'이라 할 수 있다. 따라서 고객 중심, 서비스 중심의 문화를 잘만 구축한다면 누가 그 기업에서 일하게 되더라도 이런 문화에 순응하고 적응해 나아갈 것이다. 결국 좋은 기업문화의 구축이 인적 자원을 관리하는 데 중요한 역할을 한다.

## 2) 종업원 만족도, 고객 만족도, 그리고 수익성

만족한 직원은 고객을 만족시킨다. 마음속에 있는 좋은 기분이 자연스럽게 고객에게 전달되기 때문이다. 이것은 억지로 되는 것이 아니다. 우리가 많은 사람을 상대하면서 상대방이 나에게 정말로 마음에서 우러나는 성의를 베풀고 있는지, 아니면 어떤 목표를 달성하기 위해 억지로 웃고 있는지 정도는 알 수 있다. 마케팅 분야의 연구결과에 따르면 서비스 종업원 자신이 불만에 차 있으면 고객을 절대 만족시킬 수 없다고 한다. 우리 속담에 "집에서 새는 바가지가 밖에서도 샌다"는 말이 있다. 자신의 문제가 해결되고 있지 않은데 어떻게 남의 문제를 돌볼 수 있겠는가. 이와는 반대로 고객을 만족시킬 수 있는 직원이라면 그 성취감에 그의 만족도도 더욱 높아진다. 즉 직원 만족도와 고객 만족도는 서로 상승작용이 있는 것이다.

고객 만족도는 비용인가 아니면 투자인가. 기업이 고객 만족을 위해 쓰는 돈은 비용 처리돼 흘러가는 돈인가, 아니면 나중에 기업에 수익을 안겨 주는 투자의 개념인가. 많은 마케팅 연구의 결과에 의하면 고객 만족은 결국 기업에 많은 수익을 올리게 해 주는 훌륭한 투자 대상이라고 한다. 만족한 고객은 같은 기업을 통해 반복 구매를 하게 돼 고객충성도가 올라간다. 기업 입장에서는 이런 충성 고객의 수가 늘어감에 따라 수익성이 높아진다. 충성 고객에 대해서는 고가판매를 할 수 있고 이들을 유지하는 데 들어가는 비용도 크지 않으며, 이들이 좋은 입소문을 내주기 때문이다. 결론적으로 종업원 만족은 고객 만족으로 직결되고, 고객 만족은 기업의 수익성을 높여 준다.

### 3) 서비스 인적 자원 관리전략

그렇다면 이렇게 중요한 인적 자원을 서비스 기업체에서는 어떻게 관리해 나아가야 하는가. 첫째, 서비스 기업은 그들이 제공하는 서비스에 대해 적임자를 찾아 고용해야 한다. 즉 좋은 사람을 찾는 일이 가장 급선무다. 둘째, 서비스 기업은 직원에 대한 교육훈련 과정을 통해 그들의 능력을 최고의 수준으로 개발해야 한다. 셋째, 서비스 기업은 최상의 서비스 제공을 위해 필요한 시스템을 지원해야 한다. 넷째, 서비스 기업은 최상의 직원들을 잘 보존할 수 있어야 한다.

① 최고의 인력을 구하기 위해 경쟁하라 — 우리가 추구하는 서비스를 최고의 수준으로 수행할 수 있는 인력을 확보하기 위해서는 경쟁사와 치열한 경쟁을 해야 한다. 이를 위해 많은 기업에서는 인력 확보 담당자나 부서를 마련해 이 일에 집중할 수 있도록 한다. 모 대기업에서는 부사장급에서 이런 인력 확보 노력이 이뤄지고 있다. 우리가 잘 아는 사우스웨스트항공사에서는 '인력 담당 부서(People Department)'를 설치해 재능 있는 직원 확보에 열을 올리고 있다. 그들은 직장 내 모든 자리를 중요시하며 그 자리의 적임자를 찾기 위해 수십 명, 때로는 수백 명의 응모자들을 인터뷰하는 데 시간과 노력을 쏟는다. 이렇게 서비스의 경우에는 좋은 사람들이 필요하기 때문에 기업은 오늘노 인력시장에서 인재확보 전쟁을 치르고 있는 것이다. 서비스에 적합한 최고의 인재를 골라내기 위해서는 두 가지를 중점적으로 봐야 한다. 그것은 서비스 능력과 서비스 성향이다. 서비스 능력은 그 일을 하기 위해 필요한 지식과 기술이고, 서비스 성향은 고객을 대하는 태도나 서비스 정신이다. 지원자가 서비스에 대한 지식과 기술도 갖추고 있으면서 이와 동시에 서비스에 대한 적성을 겸비한 경우가 가장 이상적이다.

② 직원들을 훌륭히 교육시켜라 — 훌륭한 수준의 서비스를 창출하고 전달하기 위해 서비스 인력의 개발이 필수적이다. 즉 서비스 인력에 대한 교육 훈련

을 통해 그들의 능력을 개발해야 한다. 서비스 종업원에게 가르쳐야 하는 가장 중요한 주제는 제공되는 서비스에 대한 전문적인 지식과 기술, 그리고 고객을 대하는 접객 능력이다. 예를 들어 패스트푸드 레스토랑의 경우에도 서비스를 제공하기 위해 정해진 절차가 있다. 그리고 음식을 준비하기 위한 절차가 이미 마련돼 있다. 맥도날드의 경우, '햄버거 유니버시티'라고 하는 종업원 교육기관을 만들어 종업원에게 맥도날드 서비스에 대한 전문적인 지식과 기술을 교육하고 있다. 프랜차이즈 시스템에 있어서 서비스의 표준화와 일관성이 매우 중요하기 때문에 이런 절차들을 공식화하여, 종업원들의 몸에 밸 수 있도록 가르쳐야 한다. 서비스 종업원들이 갖춰야 할 또 하나의 중요한 능력은 대인(對人) 능력이다. 서비스는 기계가 아닌 사람에 의해 제공된다. 따라서 일선 직원은 고객의 공감대를 이끌어 내고 친절하게 인간적으로 서비스를 제공할 수 있어야 한다. 고객을 그저 공장의 조립공정의 나사못 정도로만 의식한다면 그 서비스는 실패한 것이다. 서비스 기업은 종업원에게 접객의 기술을 훈련시키기 위해 여러 가지 방법을 동원한다. 예를 들어 일본 도쿄에 있는 임페리얼호텔에서는 직원들에게 역할극을 활용한 서비스 매너 훈련을 통해 고객들과의 접촉, 서비스 에티켓 등을 가르친다. 아웃백스테이크하우스에서는 직원들로 하여금 고객의 옆에 웅크리고 앉아 고객들과 대화를 나누도록 코치한다.

리츠칼튼에서는 서비스 교육을 받은 모든 직원들이 주머니나 지갑에 코팅된 카드 한 장씩을 넣고 다니는데 여기에는 서비스의 세 단계와 그들의 모토, "우리는 신사, 숙녀에게 서비스 하는 신사, 숙녀이다(We are ladies and gentlemen serving ladies and gentlemen)"라고 적혀 있다.

③ 서비스 지원 시스템을 제공하라 — 아무리 좋은 사람을 기용하고 아무리 그들을 잘 훈련시킨다고 해도 기업에서 내부적으로 그들을 충분히 지원해 줄 수 있는 시스템이 없다면 좋은 서비스를 기대하기 힘들다. 서비스는 사람과 사람 간의 상호 교류를 통해 창출되고 제공되는데, 이때 서비스 직원이 서비스 과정에 필요한 기술력과 도구가 필요하다. 이런 것들이 기업에 의해

충분히 제공돼야 최상의 서비스가 만들어질 수 있는 것이다.

서비스 기업은 내부적으로 그들의 종업원, 특히 일선 직원들의 기업과 업무에 대한 만족도를 주기적으로 측정할 필요가 있다. 소비자에게 외부적으로 제공되는 서비스 품질의 향상을 위해서는 종업원에게 내부적으로 제공되는 서비스의 품질부터 관리할 필요가 있기 때문이다. 측정 없이는 관리가 불가능하다.

종업원이 기업의 지원에 대해 만족하는지 불만족하는지, 만일 불만족한다면 어떤 점에서 불만족하는지를 파악해 종업원에 대한 최상의 서비스를 구상하고 제공해야 한다. 메리어트호텔의 경우 호텔 투숙객들의 만족도 조사는 물론 내부 직원들의 만족도를 주기적으로 조사하여, 내부 서비스 품질 향상에 늘 힘쓰는 모습을 보여 준다.

④ 최고의 직원을 유지하라─성공적인 서비스 기업에는 최고의 직원들이 있다. 기업은 그들을 잘 훈련시켜 능력을 향상시켜야 하며, 이들을 잘 유지하기 위한 지원을 아끼지 말아야 한다. 이들이 기업을 떠나기 시작하면 남은 직원의 사기에 큰 타격을 입히게 돼 서비스 품질을 깎아내리게 되기 때문이다. 좋은 직원들을 결코 당연한 것으로 받아들여서는 안 된다. 최고의 직원을 유지하기 위해서는 그들을 고객처럼 대해야 한다. 고객들이 기업 내에서 진실로 그 가치를 인정받고 좋은 지원을 받는다면 다른 업체로 옮겨 갈 이유가 없다. 외부고객을 끌어들이고 그들에게 최상의 서비스를 제공하기 위해서는 내부고객, 즉 직원들에 대한 지원과 서비스를 게을리해서는 안 된다. 아메리칸익스프레스는 내부고객 지원사업을 통해 미국 사람들이 가장 일하고 싶은 직장에 지속적으로 선정되는 영광을 안았다. 결론적으로 서비스 마케팅에서 가장 중요한 것은 서비스 현장에서 고객을 맞이하는 직원들이다. 따라서 서비스 기업이 성공하기 위해서는 우선 좋은 사람을 뽑아야 하고, 이들을 잘 교육·훈련시켜서 기업의 서비스 문화가 몸에 밸 수 있도록 해야 하며, 이들을 적극 시원함으로써 민족도를 향상시키고 좋은 직원들이 직장을 떠나지 않고 머무를 수 있도록 잘 유지·관리해 나아가야 한다.

# 제3장
# 인간중심 경영명언

## 3-1. 한 사람 경영철학

### 1) 탈무드

인류에게는 단 하나의 조상이 있을 뿐이다. 따라서 어느 한 사람이 다른 한 사람보다 우월하다고 할 수 없다. 만일 당신이 어떤 사람을 죽였다면 온 인류를 죽인 것과 같다. 또 어떤 사람의 목숨을 건져 주었다면 온 인류를 구한 것과 같다.

세계는 한 사람에 의해 시작되었으므로 그 최초의 사람을 죽였다면 오늘날 인류는 존재하자 않았을 것이기 때문이다.

### 2) 소크라테스(철학자)

가장 위급한 순간이 오면 결국 현명한 한 사람이 전체 사회를 구할 것이다. 그러나 그 반대의 경우는 없을 것이다.

### 3) 파스칼(철학자)

인간은 하나의 연약한 갈대에 지나지 않는다. 모든 자연 중 가장 약한 존재이다. 그러나 그것은 생각하는 갈대이다. 그를 무찌르기 위하여 전 우주가 무장할 필요는 없다. 한 줄기의 증기, 한 방울 물만으로도 그를 죽이기에 충분하다. 그러나 우주가 그를 무찌른다 해도 인간은 자기를 죽이는 자보다 더 고귀하다. 왜냐하면 인간은 자기가 반드시 죽어야만 한다는 사실과 우주가 자기보다 강하다는 사실을 알지만, 우주는 그것을 전혀 모르고 있기 때문이다.


### 4) 잭 웰치(전, 제너럴 일렉트릭 회장 및 CEO)

"최고의 인재를 뽑을 수 있고 최고의 인재를 키울 수 있다면 그 기업은 성공할 것이다."

경영자는 한 손에는 물뿌리개를, 한 손에는 비료를 들고 꽃밭에서 꽃을 가꾸는 사람과 같다.

인적 자원이 중시되는 미래 지식기반 경제에서 경영자의 가장 중요한 역할이란 바로 인적 자원 개발이다. 나는 업무시간의 70%를 꽃밭에서 보내고 있다.


### 5) 마쓰시타 고노스케(마쓰시타전기산업 회장)

단골손님이 "당신네 회사는 무엇을 만들고 있느냐?"라고 질문할 때마다 "마스시타(송하) 전기는 사람을 만들고 있다. 전기 제품도 만들고 있지만 이에 앞서서 사람을 만들고 있다"라고 대답한다.


### 6) 빌 게이츠(마이크로소프트 회장)

"만일 어느 날 아침에 깨어 보니 마이크로소프트가 화재로 모두 타 잿더미가 되었다 하더라도 내게 20명의 최우수 직원만 준다면 빠른 시일 내에 모든 것을 다시 시작할 수 있다."


### 7) 김승호(보령 회장)

"기업은 곧 사람이다. 사람을 가장 우선으로 생각하는 정신이 없으면 그 기업은 이미 기업으로서의 생명을 잃은 것이다.

기업의 생명력은 바로 사람을 존중하고 귀하게 여기는 마음에서 비롯된다. 바로 이러한 인간 존중 정신이 보령제약의 창업 철학이자 존재이유다."

8) 이건희(삼성 회장)

"우수인력 한 사람이 10만 명을 먹여 살린다. 바둑 1급 10명이 힘을 모아도 바둑 1단 한 명을 이길 수 없다."

"성공하는 경영자는 본능적으로 사람 욕심이 있어야 한다." "우수인재를 확보하고 양성하는 것이 기본 책무다."


9) 스티브 스코트(포춘지 500대 기업 중 8번째 부자 CEO)

훌륭한 선생님이나 코치는 학생의 능력을 25%에서 50% 정도, 기껏해야 100% 상승시킬 수 있을 뿐이지만 훌륭한 멘토는 그 수준을 1,000%에서 5,000%, 때로는 1만%까지 높여 줄 수 있다.

예를 들어, 비즈니스 멘토는 내 수입을 5만 600% 이상 높여 주었다. 대인관계 멘토는 내가 아내의 마음을 돌려서 우리가 경험해 보지 못했던 가장 행복하고 완벽한 관계를 형성할 수 있도록 도와주었다.


10) 제프리 페퍼(스탠퍼드대 교수)

기술이나 가격은 경쟁기업이 쉽게 모방할 수 있지만 사람의 의욕과 창의성을 극대화시키는 인재개발 정책은 쉽게 모방할 수 없는 장기적인 기업경쟁우위의 원천이다.


11) 아인슈타인(물리학자)

인간이 경험할 수 있는 최고의 아름다움은 생명의 신비로움이다. 진정한 예술과 과학은 바로 이 신비로움 안에 있다.

과학과 예술은 이성과 감성에서 각각 흘러나오지만, 그 처음을 찾아가면 생명의 노래가 넘치는 인간의 근원에 도달하게 된다. 그러나 인간은 잠재능력의 10% 밖에 사용하지 않는다.

12) 솔로몬(이스라엘 왕국 제3대 왕)

두 사람이 한 사람보다 나음은 저희가 수고함으로 좋은 상을 얻을 것임이라. 혹시 저희가 넘어지면 하나가 그 동무를 붙들어 일으키지만 홀로 있어 넘어지고 붙들어 일으킬 자가 없는 자에게는 화가 있으리라.

두 사람이 함께 누우면 따뜻하지만 한 사람이면 어찌 따뜻하랴. 한 사람이면 패하겠지만 두 사람이면 능히 당하나니 삼겹줄은 쉽게 끊어지지 아니하느니라.


## 3-2. 도서 혼(魂)·창(創)·통(通)에서의 경영명언

### 1. 혼·창·통 경영명언 소개

≪조선일보≫ 경제 섹션 '위클리비즈'의 편집장이자 경제학 박사인 저자, 이지훈은 3년간 수많은 초일류기업의 CEO, 경제경영 석학들을 심층 취재하면서, 그들의 이야기에 일관되게 흐르는 메시지를 발견했다고 한다. 그것은 바로 모든 성공과 성취의 비결에 있는 3가지의 공통된 키워드, 바로 혼(魂)·창(創)·통(通)이라고 말하며, 다양한 사례를 통해 들려준다. 경영 구루 말콤 글래드웰의 1만 시간 법칙, 크리슨 앤더슨 '와이어드' 편집장의 프리미엄론, 스티브 잡스 애플 CEO의 성취비결 등 수많은 대가들의 메시지와 성공 키워드를 총 3부로 나누어 꼼꼼하게 담아내고 있다.


■ 북소믈리에 한마디!

위클리비즈가 인터뷰한 대가들의 육성이 생생하게 살아 있는 이 책은 혼·창·통이 과연 무엇인지, 이를 이루어 내기 위해선 어떤 노력이 필요한지에 대해 강력한 통찰과 실천적이고 종합적인 해법을 제시한다. 조직의 운영원리이자 삶의 운영 원리인 혼·창·통은 조직의 리너들 및 중하급 관리자, 일반직원 혹은 조직에 몸담고 있지 않은 일반인이나 학생들도 삶의 지혜를 얻는 데 유용하다.

―魂·創·通 당신은 이 셋을 가졌는가?

魂은 '영원한 위기의 시대'로 일컬어지는 오늘날, 개인과 조직의 최고 운영원리이기도 하다. 혼은 나침반이자 시계이다. 혼이 있는 사람과 조직은 어떤 어려운 상황에서도 돌파하려는 모멘텀을 잃지 않는다. 그리고 혼이 있는 곳에서 비로소 노력과 근성이 싹튼다.

손정의 소프트뱅크 회장은 비전의 중요성을 강조하면서 이렇게 말했다. "눈앞을 보기 때문에 멀미를 느끼는 것이다. 몇백 킬로미터 앞을 보라. 그곳은 잔잔한 물결처럼 평온하다. 나는 그런 장소에 서서 오늘을 지켜보고 사업을 하고 있기 때문에 전혀 걱정하지 않는다."

혼이 있으면 다음엔 '창'이 있다.

創은 의미 있는 것을 만들어 내는 일이다. 혼이 씨를 뿌리는 것이라면, 창은 거두는 것이다. 창은 실행이다. 꿈을 현실로 바꾸는 과정이다.

꿈은 공짜로 얻어지지 않는다. 인내하고 집중하고 세심한 주의를 기울일 때, 비로소 크리스마스 아침 머리맡에 놓인 선물처럼 찾아온다. 매우 역설적이게도 창은 루틴하기 짝이 없는 노력과 습관의 결정체이다.

창은 늘 새로워지려는 노력이기도 하다. 의미를 만들어 내기 위해 우리는 늘 새로워지지 않으면 안 된다. 창은 익숙함을 뒤집어 새로움을 만들어 내는 노력이다. 오늘날 조직의 금과옥조로 떠오르고 있는 것이 창이다. 창은 그 속성상 '리스크 테이킹' 즉 위험을 감수하는 일이다. 현실에 만족하고 안주하는 순간, 창은 시들고 만다. 다른 사람들이 선택한 쉬운 길을 거부하고, 늘 "왜?"라고 물으며 새롭고 어려운 길을 갈 때에야 비로소 창이 싹튼다. 창은 손이 진흙으로 더러워지는 것을 두려워하지 않는 실험정신이고, 실패를 찬양하는 도전정신이다.

그런데 창도 혼이 있고서야 가능하다. 이루고자 하는 비전이 명확할 때, 지켜야할 신념이 가슴속에 활활 타오를 때, 우리는 비로소 창을 위한 항해를 시작할 수 있다.

通은 바로 혼을 통하는 것이다. 우리 모두가 함께 살아가는 목적, 세상의 수많은 조직과 만남을 제쳐 두고 굳이 '우리'가 함께 한솥밥을 먹는 이유를 소통하는 것이다.

통을 위해서는 2가지 숙제가 남아 있다.

첫째, 통하기 위해서는 상대를 이해하고 인정하며, 상대방의 말에 귀를 기울여야 한다.

둘째, 통하기 위해서는 마음을 열고 서로의 차이를 존중해야 한다. 이렇게 함으로써 모두가 저마다의 개성과 잠재력을 꽃피우는 즐거운 일터가 이뤄지고 모두가 행복해질 수 있다.

창이 있되 혼이 없는 사람은 향기가 없다. 재승박덕, 즉 재주는 있으되 덕이 없다. 통이 있되 혼이 없다면, 통하는 것처럼 보일 뿐 결코 통하지 못한다. 진정한 통은 혼을 공유하는 데서만 이뤄지기 때문이다. 창과 통이 있되 혼이 없는 사람은 뿌리 없는 나무와 같다. 그러나 혼만 있고 창과 통이 없다면, 그 역시 불완전하기는 마찬가지이다. 혼이 있되 창이 없는 사람은 몽상가이다. 꿈이 꿈으로 그치고 만다. 실행이 없는 혼은 공허할 뿐이다. 혼이 있되 통이 없는 사람은 외골수이고, 독재자이다. 통하지 않는 혼은 외롭다. 지속 가능할 수 없다.

통은 셋이 완전한 조화를 이룰 때, 비로소 이를 소유한 창·혼 사람이 조직을 성공과 성취의 길로 이끌어 준다.

혼은 '사람을 움직이는 힘'이다.

"돈은 일하는 과정에서 저절로 생기는 부산물입니다. 지혜와 근면의 보답입니다. 저는 젊은 사람들에게 '돈을 좇아가지 말라'고 얘기합니다. 자신의 수입이 얼마인지 따지는 시간에 어떻게 하면 창조적이고 혁신적으로 나갈 수 있을지를 생각하라고 말합니다."

-썬택 스정룽-

"왜 그 일을 하고 있나요?"라는 질문을 받을 때 고민 없이 "그 일을 좋아하기 때문"이라고 말할 수 있는 사람은 행복하다. 자기의 일을 좋아하는 사람에겐 꿈이 있다. 그 일을 이뤘을 때 어떻게 될 것이다 하는 청사진이 있다.

"일흔일곱의 나이에도 나는 밖에 무슨 일이 있어 집을 나설 때마다, 아직도 가슴이 떨리도록 벅차오르는 감동을 느낍니다. 아직도 나에게 뭔가를 할 수 있는 이런 기회가 있다는 게 믿기지 않아요."

—미국 음악 거장 데이비드 엠램—

77세 노인에게 아직도 가슴이 떨리도록 벅차오르는 감동을 주는 것, 그것이 바로 꿈이고 혼이다.

'사람의 몸은 심장이 멎을 때 죽지만, 사람의 영혼은 꿈을 잃을 때 죽는다'라는 말이 있다. 조직은 리더의 꿈에 의해 성장한다. 리더는 조직을 경영하면서 늘 꿈을 이야기하고 공유해야 한다. 자신의 꿈을 말하고, 조직의 꿈을 말하고, 꿈이 실현되면 무엇이 어떻게 달라지는지 말할 수 있는 사람, 그리고 꿈을 달성하기 위해 무엇을 해야 하는지를 구체적으로 제시할 수 있는 사람, 그런 사람이야말로 진정한 리더이다.

"능력의 개인차는 아무리 커도 5배를 넘지 않지만, 의식의 차이는 100배의 격차를 낳는다." "머리 좋은 사람이 열심히 하는 사람 못 이기고, 열심히 하는 사람이 즐기는 사람 못 이긴다." "인간에게 모티베이션이란 그리 오래가지 않는다. 보통 사람은 3일, 경영자라고 해도 2~3개월 정도다. 따라서 다른 사람이 계속해서 동기를 부여해 주지 않으면 90%의 사람은 열심히 일하려는 의욕이 생기지 않는다."

—일본전산 나가모리 사장—

"죽음은 누구도 피할 수 없고 삶의 시간은 제한돼 있다. 그렇기 때문에 다른 사람들의 시선이나 이야기에 얽매여 '다른 사람의 삶'을 살면서 시간을 낭비하지 말라." "심장과 직관이 따르는 대로 살아갈 수 있는 용기를 가지는 것, 심장과 직

관은 당신이 진짜로 원하는 것이 무엇인지를 알고 있습니다. 나머지는 다 부(副)
차적인 것입니다."

　첫째, 그는 늘 큰 꿈을 꾸었다. 바로 컴퓨터를 가지고 세상을 바꿔 보겠다는 꿈
이었다.
　둘째, 그는 사람들이 마음에 열정의 불길을 유지하는 능력이 있었다. 그 꿈이
단순히 돈을 더 버는 사리사욕 차원이 아니라 세상을 더 좋은 곳으로 바꾸는 것
이라면, 사람들은 더욱 공감하고 진심으로 따르게 된다.
　셋째, 그는 포기하지 않았다. 무언가를 철저히 이해하기 위해서는 열정적인 노
력이 필요하다. 그러나 그만큼 노력하는 사람은 별로 없다.
-애플 스티브 잡스-


　"나는 만약 어떤 일에서 재미와 즐거움을 더 이상 찾을 수 없다면, 드디어 다른
일을 찾아야 할 때가 된 것이라고 믿는다. 행복하지 않게 시간을 보내기에는 인생
은 너무 짧다. 아침에 일어나면서부터 스트레스를 견뎌야 하고, 비참한 기분으로
일터로 나간다면 삶에 대한 올바른 태도가 아니다."
　"그 일이 당신이 선택할 수 있는 유일한 대안인가? 주변을 둘러보라. 뭔가 다른
대안이 있을 것이다. 하기 싫은 일 말고 당신이 할 수 있는 다른 일을 살펴보라."
　바쁘게 살아온 그에게 사람들은 "이젠 좀 쉬라"고 말한다. "그럼 이제 뭘 하란
말이에요?" "그림도 그리고 골프도 치고 좀 즐기며 사셔야죠." "당신들은 내가 얼
마나 즐기며 살아왔는지 모를 거야. 난 언제나 즐겁게 살았고, 내 일은 곧 즐거움
이었지. 왜냐하면 재미야말로 처음부터 내가 하는 비즈니스의 핵심이었으니까."
-버진그룹 리처드 브랜슨-


　비전과 가치, 신념이 혼의 다른 이름들이다. 그리고 혼에 또 다른 이름을 추가
하자면 그것은 '大義'이다.
　진정한 부란? "부는 많아도 귀하지 않은 사람들이 많습니다. 진정한 부귀는 자

기가 번 금전을 사회를 위해 쓰려는 속마음에 있다고 봐요. 아무리 재산이 많더라도 '바른 뜻[志氣]'이 없는 사람은 가장 가난한 사람입니다." 그의 좌우명 "의롭지 못한 채 부귀를 누림은 뜬구름 같다(논어)."

－ 청쿵그룹 리카싱 －

"돈으로는 사람을 움직일 수 없습니다. 사람을 움직이려면 마음 깊은 곳에서 불타오르는 동기를 부여해야 합니다. 이를 위해서는 이윤을 뛰어넘는 숭고한 경영철학과 경영자의 인격이 필요합니다." "회사는 세습되어서는 안 된다."

－ 교세라 창업자 이나모리 가즈오 －

당근과 채찍이 조직원에게 끌어내는 것은 표피적인 열정에 불과하다. 그들이 진심을 다해 일하게 만드는 원동력은 그들 안에 있다. 그 안에 있는 열정과 의지를 불타게 하는 것, 그것이 바로 혼이요 대의이다.

마케팅 1.0, 즉 초창기의 마케팅은 소비자의 '머리'에 호소하는 방식이었다. 제품의 품질을 강조하고 광고했다. 여기서 한발 나아간 마케팅 2.0은 '감성'을 자극하는 방식이었다. '이 브랜드를 입으면 당신도 배용준, 장동건이 될 수 있다'는 메시지를 던진 것이다. 마케팅 3.0은 "사람들의 '영혼'에 호소하는 것"이라고 설명한다. "환경에 신경 쓰고, 사회에 좋은 일도 하는 회사라면 내게 특별히 무엇을 주지 않더라도 그냥 좋다."

－ 필립 코틀러 교수 －

혼은 '사람을 움직이는 힘'이며 '내가 여기에 있어야 하는 이유'이고 '개인을 뛰어넘는 대의'이다. 즉 혼은 우리를 움직이게 하고, 버티게 하고, 극복하게 하는 근본적인 힘이다.

현실에 안주하는 순간, 창은 시들고 만다.

“사람은 성장하고 있거나 썩어 가고 있거나, 둘 중 하나이다. 중간은 없다. 가만히 서 있다면 썩어 가고 있는 것이다.” “누구도 해낸 적 없는 성취란, 누구도 시도한 적 없는 방법을 통해서만 가능하다.”

창은 혼을 노력과 근성으로 치환하는 것이다. 그래서 수확을 하는 것이다. 혼이 씨앗을 뿌렸다면, 창은 밭을 갈고 물을 주고 가꿔서 수확하는 일이다. 창은 날마다 새로워지려는 노력이기도 하다. 결실을 지속하려면 우리는 늘 변하지 않으면 안 된다. 창이 탄생할 때까지, 숱한 좌절과 실패에도 포기하지 않게 만드는 힘이 혼이다. 혼을 지지대 삼으면 쉼 없는 노력이 가능하고, 그 노력이 결국 창을 꽃피운다.

우리가 성공에 대한 잘못된 신화에 얽매여 있다고 주장한다. 그것은 바로 가장 똑똑하고 영리한 사람이 정상에 오른다는 신화이다. 우리는 흔히 비범한 성공을 이룬 사람들을 논할 때, 그의 IQ를 가장 궁금해한다. 그러나 아웃라이어가 되는 데 제1요인은 천재적 재능이 아니라 소위 ‘1만 시간의 법칙’이라고 불리는 쉼 없는 노력이다. 지식의 기초가 있어야 창의와 창조의 핵심에 도달할 수 있다. 이것이 1만 시간의 법칙이다. 특별한 일을 하기 위한 훈련 단위다.

-말콤 글래드웰-

“모든 일에는 정도가 있어요. 작고 사소한 부분까지 모두 완벽한 사람은 이 세상에 없습니다. 모든 고객을 만족시키기도 불가능하죠. 하지만 디테일은 태도에 관련된 문제입니다. 일을 잘 해내고 싶은 욕구, 완벽함을 추구하는 마음이 있어야 합니다. 작고 사소한 걸 무시하면 만회할 수 없는 심각한 타격을 입을 수 있습니다. 천 리 둑도 작은 개미구멍 때문에 무너집니다.” 큰 성공을 거둔 사람과 작은 성공을 거둔 사람의 차이는 바로 종이 한 장 차이, 즉 디테일에 있다. 비슷비슷한 상품의 홍수 속에서 동일한 성능이 모두 상쇄되고 나면, 마지막 남은 1%의 디테일이 부각되기 때문이다.

-왕중추-

실행력 없는 비전은 비극이다. 좋은 아이디어를 가지고 있는 것만으로는 충분하지 않다. 행동하고 실천할 때 진정으로 이노베이션이 된다. 영감이 떠오를 때를 기다리고 있지 말고 일단 실행부터 하라. 가장 좋은 아이디어는 모두 작업을 하는 과정에서 나온다. 늦게 내려진 올바른 결정보다 빨리 내린 틀린 결정이 낫다.

손이 진흙으로 더러워지는 것을 두려워하지 않고, 진흙을 만져 새로운 무언가를 만들어 내야 한다. 창의성은 어디서 생겨나는 것일까? 혁신가의 다섯 가지 습관 즉 연결, 질문, 관찰, 실험, 네트워킹이 그것이다. 우뇌형 인재의 5가지 조건 즉 1) 디자인이란 언어를 익히라, 2) 스토리를 만들라, 3) 큰 그림으로 생각하라, 4) 공감하라, 5) Play하라.

기업에 혁신을 가르치는 일은 개에게 두 발로 걸어 다니도록 훈련을 시키는 과정과 비슷하다. 조련사가 먹이를 이용해 열심히 개에게 두 발로 서는 법을 가르쳤다고 치자. 하지만 조련사가 뒤돌아서는 순간부터 개는 다시 네발로 앉는다. 개는 네발 동물이지, 두 발 동물이 아니기 때문이다. 즉 개에게는 두 발 DNA가 없다.

타성이 창의 발목을 잡는다. 담장을 넘는 버릇이 있는 절도범들은 설사 대문이 열려 있더라도 굳이 담장을 넘는다는 것이다. 인간 두뇌의 질량은 몸 전체의 2%에 불과하다. 그런데 가장 편안한 자세를 취하고 있을 때에도 뇌는 우리 에너지의 20%을 소모한다. 심장(10%)이나 2개의 허파(10%), 2개의 신장(7%)보다 훨씬 많은 양이다. 더구나 생각에 몰두하게 되면 뇌의 칼로리 소모량은 급속히 증대된다.

그래서 우리의 몸은 두뇌가 에너지를 최소한으로 사용하도록 고안되어 있다. 그 장치의 하나가 사람들로 하여금 자연스럽게 스테레오타입 즉 고정관념에 의존하도록 하는 것이다. 이처럼 사람은 태생적으로 타성에서 벗어나기 힘들게 만들어졌다. 타성에서 벗어나기 위해 의도적으로 노력하지 않으면 안 되는 이유가 여기에 있다.

획기적인 성과 뒤에는 반드시 2가지 필연이 존재한다. 첫째, 백지에서 출발하는 것이다. 둘째, 자릿수를 바꾸는 것이다. '부피를 10분의 1로 줄인다'라는 식으로 자릿수를 바꾸지 않으면 혁명이라 할 수 없다.

창의성은 도전하고, 실수하고, 스스로를 바보로 만들어 보며, 다시 추슬러 도전하는 것이다. 실수를 두려워해선 안 됩니다. 중요한 것은 똑같은 실수를 되풀이해서는 안 되고, 늘 새로운 실수를 해야 한다는 것이다. 실패는 도전과 발전을 위해 그 원인을 분석하고 거기서 창조적인 아이디어를 도출해 낼 때, 비로소 가치가 있는 것이다. 부주의나 오판으로 똑같은 실수를 연발하는 것은 절대 용서받을 수 없는 실패이다. 진짜 장사에서 성공하려면 10번 중에 1번만 승리해도 된다. 단 9번을 지는 과정에서 회사가 무너지면 안 된다.

창은 '혼을 노력과 근성으로 치환하는 과정'이며 '매일 새로워지는 일'이고 '익숙한 것과의 싸움'이다. 어느 날 갑자기 찾아오는 것이 아니라 노력하고 도전하는 하루하루가 쌓여야 비로소 발현되는 것이 창이다. 결국 창을 가능케 하는 것은 혼이다. 이루고자 하는 목표가 희미하고 열망이 부족한 사람은 창으로 가는 고단한 여정을 감내할 수 없다. 오직 가슴속에 뜨거운 혼을 품은 사람만이 그 열기에 위안받고 자극받으며 창을 향해 힘찬 한 걸음 한 걸음을 내딛는다. 그렇게 혼의 힘으로 나아가는 창의 길의 끝에는 '통'이 기다리고 있다.

통은 '마음을 열고 서로의 차이를 존숭하는 일'이다.
통은 조직의 존재 목적 즉 혼을 소통하는 일이다. 성공하는 회사는 최고경영진에서 말단 직원에 이르기까지 총체적인 목적에 대해 하나의 공감대를 이루고 있다. 아무리 현명한 경영전략도 직원과의 공감대가 없으면 실패하고 만다. 통은 단순한 커뮤니케이션 스킬과는 구별된다. 메시지 자체에 혼이 없다면 결코 사람의 마음을 움직일 수 없다.

"선비는 자기를 알아주는 사람을 위하여 목숨을 바치고, 여자는 자기를 기쁘게 해 주는 사람을 위하여 얼굴을 꾸민다." 즉 통을 위해 가장 중요한 것 역시 바로 '인정'이다. '아기들은 인정해 달라고 울고 어른들은 인정받기 위해 죽는다'는 말이 있다. 직장인이 밤잠을 설쳐 가며 일에 매달리고, 문학가가 뼈를 깎는 고통을 감내하며 작품을 쓰고, 화가가 손에서 붓을 놓지 않으며 그림을 그리는 것도, 밑바닥에 인정받고 싶다는 욕구가 자리하고 있기 때문이다. "남에게 대접받고 싶은 대로 먼저 남을 대접하라"라는 것을 리더의 황금률이다.

히스 교수의 강력한 메시지 제조 기법 6가지: 단순성, 의외성, 구체성, 신뢰성, 감성, 스토리의 공통점은 바로 상대, 즉 듣는 사람에게 초점을 맞춘 법칙들이라는 것이다. 통의 기본은 자신이 아닌 상대라는 사실이다.

"기업의 핵심가치는 700번 이상 반복해서 부하 직원들에게 말하라." 아무리 강력한 메시지를 만들었다 해도 그것을 타인에게 제대로 전하지 못하면 혼잣말이 될 뿐이다. "나는 열 번을 이야기하지 않으면 한 번도 얘기하지 않은 것과 같다"고 생각한다.

-잭 웰치-

"모난 사람이 모나지 않은 사람보다 더 뛰어날 가능성이 높다." "삐져나오는 못은 더 삐져나오게 하라." "남의 말을 듣지 마라." "싫으면 관둬라." 그는 혁신을 먹고 사는 벤처기업이 성공하기 위해서는 종업원이 회사에서 재미있고 즐겁게 일하지 않으면 안 되고, 그러기 위해서는 그들의 개성과 창의를 살려 주는 것이 무엇보다 중요하다는 것을 절실히 느꼈다. 회사 면접 때 "귀하는 다른 사람과 다른 게 무엇입니까?"라는 질문으로 다른 사람과 똑같은 사람은 필요가 없다는 것이다.

-교토 호리바 마사오 최고고문-

1997년에 벌어진 대한항공 여객기 괌 추락사건의 원인은 조종실의 권위주의적

문화에 있었다는 것이다. 한국식 상명하복 문화의 영향으로, 절체절명의 위기 순간에도 부기장과 기관사는 기장에게 악천후에 대한 경고를 정확히 말하지 못하고 예의를 갖추기 위해 돌려 말했다. 이런 '완곡어법' 때문에 기장의 판단 실수를 바로잡지 못했고 결국 참사로 연결됐다는 것이다.

－말콤 글래드웰의 『아웃라이어』에서－

물이 흐르지 못하면 고여서 썩기 마련이듯, 소통이 원활하지 못한 조직은 결국 문제가 발생하기 마련이다. 이것이 경영자가 직원들이 자유롭게 말할 수 있는 환경과 분위기를 조성해야 하는 이유다. 직원 또한 소신껏 자신의 의견을 개진해야 하는 이유다. 문제는 그런 직원의 의견이 결정적인 정보가 될 가능성이 높다는 점이다. 직원이 경영자에게 문제를 제기할 정도면 가볍게 하는 말이 결코 아닐 것이기 때문이다.

'논쟁은 바람직한 것'이다. 생산적인 논쟁은 '건설적인 대립'이다. 다만 건설적인 대립의 필수 규정 중 하나는 '사람'이 아니라 '문제점'을 공격하는 것이다. 그래야만 모든 사람이 이성적으로 문제에 접근할 수 있기 때문이다.

1977~97년 사이에 태어난 N세대와 그 부모세대인 베이비붐세대 사이에는 뚜렷한 차이가 관찰된다. 두 세대를 갈라놓는 핵심요소는 디지털 기술이다. N세대는 어릴 때부터 젓가락보다 컴퓨터마우스와 휴대전화를 먼저 손에 쥐고, 인쇄 매체보다 디지털 매체를 먼저 접하면서 자란다.

그들은 생태적으로 인터넷 공간에서 정보를 나누고 협업하고 국경을 넘나든다. 반면, 베이비붐세대는 인터넷으로 이메일을 주고받고 아이폰을 사용하지만, 가슴이 아니라 머리로 받아들인 세대라는 한계를 넘지 못한다. 인터넷의 경우도 뉴스 읽기 등 소비에만 활용할 뿐, 공동 창작 등 협업 도구로서는 활용하지 못한다. "두뇌 발달에 가장 중요한 시기는 0~3세와 함께 8~18세이다. 그런데 이 시기에

N세대는 새로운 기술을 계속 접하고, 멀티태스킹과 협업에 익숙해짐으로써 전통적인 두뇌의 한계를 넘어 인류 역사상 가장 똑똑한 세대가 됐다.” 사고방식, 가치관, 생활방식이 이전까지와는 전혀 다른 새로운 세대의 출현에 당황하고 있는 것이다. 그들과 함께 일하기 위해서는 그들을 이해하고 그들과 소통하는 방법밖에 없다. 그들을 밀어내기보단 그들에게 배워야 할 점을 찾아야 한다. 그것이 조직을 소통으로 이끄는 길이다.

-디지털 구로 돈 탭스콧-

“기업이 직원 한 사람을 채용하는 데 드는 비용은 연봉의 1~2배에 이른다.” ‘직원이 행복해야 고객도 행복할 수 있다’는 점만은 어떤 조직에나 통용된다. 직원이 행복하지 않은데 어떻게 동기를 부여받을 것이며, 어떻게 스스로 열심히 일해 좋은 제품과 서비스를 창출할 것인가? 조직의 통은 조직원의 만족과 행복을 끌어내고, 이것은 다시 고객의 만족과 행복으로 이어진다. 만족과 행복은 끊임없이 확대 재생산되는 것이다.

직원들이 회사에 오래 남아 일할 수 있게 해 주고, 생산성을 높여 주는 최대 요인은 바로 보스와의 관계로 나타났다. ‘사람들은 회사를 보고 입사해서 상사 때문에 퇴사한다’고 한다.

오늘날 조직의 과제는 ‘어떻게 일을 효율적으로 할까’가 아니라 ‘어떻게 하면 게임의 룰을 바꿀까’이다. 그것은 기업의 경영구조 자체가 혁신을 생산하도록 설계된 것이 아니라 같은 일을 반복하도록 설계돼 있기 때문이다.

혁신에도 급이 있다. 그중에서도 최고의 혁신은 바로 통에 관련된 혁신이다. 기업의 최고 혁신으로 사람을 다루는 혁신, 즉 관리 혁신은 통에 해당하는 혁신인 것이다. 사람을 다루는 혁신이야말로 운영 혁신이나 제품 혁신, 비즈니스 모델 혁신, 업계 구조 혁신보다 더 위, 즉 혁신 사다리의 가장 꼭대기에 있는 것이다. 쉽게 말하면 회사 관리자들이 하는 일을 바꾸는 것이다. 즉 부하 직원들을 관리하고 팀을 꾸리고, 회사의 자원을 분배하고, 목표를 정하고, 파트너십을 구축하는 일 등이다. 주로 사람 관리에 관련된 혁신이다.

'빈껍데기뿐인 10시간이 아니라, 정수를 담은 10분을 일에 쏟게 하는 것', 그것이 바로 이 시대 리더의 사명일 것이다. 그리고 그 사명을 실천케 하는 힘은 바로 통이다.

첫째, 여러분 회사의 자산 중 90%가 밤마다 회사 정문을 빠져나간다. 이것이 무엇일까?

둘째, 현 회계 시스템에는 포함되지 않지만 매우 중요한 자산이 있는데 무엇일까?

두 문제 다 정답이 같다. 바로 '사람', 즉 '인재'이다. "인재의 가치를 반영하지 않는 현재의 회계 시스템은 잘못됐다"고 말한다. 물적 자산이 차지하는 비중은 10%, 인적 자산이 차지하는 비중이 90%다. 이렇게 보면 사실 지금까지 기업과 회계사들은 살아 있는 자산이 아니라 죽은 자산만 따져 왔다고 할 수 있다.

－롤프 옌센『드림 소사이어티』의 저자－

"많은 경영자들은 '직원들이 회사의 가장 중요한 자산'이라고 말합니다. 하지만 저는 이렇게 말하겠어요. '아뇨, 틀렸어요. 직원들이 바로 회사예요. 자산이 아니라 그들이 비로 회사라고요.' 바로 그렇기 때문에 우리는 직원들에게 투자를 하고, 그들의 지식을 늘리고 시로의 이해 수준을 높이고 그들과 소통하고 우리의 가치를 공유하려고 하는 것입니다. 모든 직원들이 우리가 가야 할 바를 확신해야 합니다."

－그런포스의 칼스턴 비야그 사장－

리더의 책무는 매일 회사를 빠져나가는 그 90%의 중요 자산이 내일 다시 회사로 돌아와서 재미있게 일하도록 하는 것이다.

혼(魂)·창(創)·통(通)은 불확실성의 폭풍우속을 비추는 등대

혼(魂): 가슴 벅차게 하는 비전이 사람을 움직인다.

창(創): 끊임없이 '왜'라고 물어라, 그러면 열린다.

통(通): 만나라, 또 만나라…… 들어라, 잘 들어라.


자, 이 중에서 우리 주위에서 찾을 수 없는 것, 우리가 아무리 노력해도 가질 수 없는 것이 하나라도 있는가?

많은 사람들이 행운을 기대한다. 하지만 행운은 결코 저절로 찾아오지 않는다. 행운이란 '진인사대천명' 즉 인간으로서 해야 할 일을 다 하고 나서 하늘의 뜻을 기다리는 사람에게만 허락된다. 사실 행운이란 우리 주변에 늘 널려 있다. 우리가 보지 못하고 지나칠 뿐이다. 그리고 누군가에게 어렵게 행운이 찾아왔다 해도, 그에 걸맞은 그릇을 갖추지 못한다면 구멍 뚫린 독에서 물이 빠져나가듯 금방 스쳐 지나가고 만다. 행운은 우리의 의지와 긴밀하게 연결돼 있다. 기회가 왔을 때 그것을 자기 것으로 잡을 수 있는 준비를 갖춘다면 행운은 우리의 것이 될 수 있다.

혼(魂)·창(創)·통(通)은 하늘의 뜻을 기다리기 전에 개인과 조직이 무엇을 준비해야 하는가를 보여 주는 이 시대의 처방전이다. 성공과 성취는 오직 준비하는 자에게만 허락되는 법이다.

## 2. 혼(魂)으로 창(創)으로 통(通)으로…… 당신의 '성공 멘토'는 누구입니까

<출처: 조선일보 위클리비즈 화제의 인물>


지난 1년간 Weekly BIZ에는 80명이 넘는 글로벌 CEO들과 석학들이 나와 경영과 경제에 대한 자신의 철학과 비전, 노하우를 아낌없이 나눠 주었습니다. 그중에서도 특히 많은 독자들에게 통찰과 공감을 준 인상 깊었던 말들을 뽑아 혼(魂)·창(創)·통(通) 세 가지 키워드로 나눠 봤습니다. 이 말들이 나온 앞뒤 이야기가 궁금하시다고요? 조선비즈닷컴(chosunbiz.com)에서 당시 기사를 찾아보실 수 있습니다.

짐 콜린스

피에로 안티노리 후작

"암벽을 좋아하는 이유는 그것이 극도로 실제적(real)이기 때문이다. 중력은 당신의 핑계에 철저히 무관심하다. 당신이 실수를 하든 말든, 발을 헛디디든 말든 중력은 상관하지 않는다."

☞ 세계적 경영사상가 짐 콜린스. 암벽 타기를 즐기는 이유를 설명하면서. <10월 2일자>


"은행 경영자는 창구에 줄을 서지 않고, 항공사 임원은 이코노미 클래스를 타지 않으며, 자동차 회사 경영자는 직접 운전을 하지 않는 것이 문제다."

☞ 마케팅 석학 장 클로드 라레슈 교수. 고객으로부터 동떨어져 있는 경영자들을 비판하며. <4월 24일자>


"나는 농부다. 사실 와인뿐만 아니라 다른 모든 비즈니스도 손에 흙을 묻히지 않고 성공할 수 없다."

☞ 이탈리아 와인 명가 안티노리의 사수 피에로 안티노리 후작. <2월 27일자>

"경쟁하지 않는 것이 우리의 경쟁력이다."

☞ 불가리(BVLGARI)의 트리파니 CEO. 자신만의 정체성을 유지하며 품질과 창조성에 집중하는 불가리의 전략을 설명하며. <지난해 12월 26일자>


"삼성, LG, 현대 3개만으로는 한국 젊은이들에게 희망이 없다."

☞ 일본전산 나가모리 시게노부 사장. 자신처럼 맨주먹으로 창업해 성공할 수 있는, 기회가 있는 나라여야 희망이 있다며. <지난해 10월 17일자>

제임스 다이슨 회장          알 리스

"전문가의 이야기를 듣지 마라. 그 누구의 이야기도 듣지 마라. 오직 고객의 목소리를 들어라. 그들의 습관을 읽고 그들이 깜짝 놀랄 만한 걸 내놓으라."
☞ 영국 다이슨사 제임스 다이슨 회장. <7월 17일자>

"머리가 아닌 발과 눈, 손으로 혁신해야 한다."
☞ 디자인기업 아이디오의 CEO 팀 브라운. 끊임없이 만들고, 찾아보고, 시험해보는 '디자인적 사고'를 설명하며. <7월 3일자>

"때로는 조령모개(朝令暮改)가 필요하다."
☞ 윤종용 삼성전자 상임고문. 시장 변화가 빠르고 상황이 바뀌면 곧바로 지시를 바꾸는 것이 중요하다며. <2월 20일자>

"많을수록 적어지고, 적을수록 많아진다."
☞ 마케팅의 대가 알 리스. 기업이 한 가지 브랜드나 사업에 집중해야 성공한다면서. <6월 26일자>

"내 성공의 비결은 처절한 실패."
☞ 세계 최대 자산운용사 블랙록의 래리 핑크 회장. 24년 전 큰 손실을 입었던 경험이 오히려 약이 됐다며. <3월 27일자>

사이먼 리트빈 박사

호리바 마사오 고문

"디지털 시대의 모든 것은 마치 중력(重力)에 이끌리는 것처럼 가격이 공짜에 점점 가까워진다. 95%에겐 공짜로 주되, 5%에게 알짜를 비싸게 팔아라."

☞ 미국 IT 잡지 와이어드(Wired)의 크리스 앤더슨 편집장. <지난해 11월 28일자>

"모난 사람이 더 뛰어나다. 삐져나온 못은 더 삐져나오게 하라."

☞ 호리바 마사오 호리바제작소 최고 고문. '차이'를 존중해 주는 문화의 중요성을 역설하며. <1월 9일자>

"금요일 저녁에 복권이 당첨되어도, 월요일 아침에는 일하러 가고 싶은 회사가 돼라."

☞ 라젠드라 시소디아 벤틀리대 교수. 직원들에게 사랑받는 기업이 되어야 장기적으로 성공할 수 있다면서. <9월 18일자>

"세상 모든 문제의 본질은 같다. 해결책은 이미 어디엔가 있다."

☞ 러시아 컨설팅 업체 젠스리(GEN3)파트너스의 사이먼 리트빈 박사. 창의적 문제 해결기법인 트리즈(TRIZ)의 원리를 설명하며. <4월 10일자>

"'뛰어난 기술'이 아닌 '편안한 기술'을 추구하라."

☞ 독일의 미래학자 마티아스 호르크스. 아무리 뛰어난 기술도 사람들이 쓰지

않으면 의미가 없다면서. <3월 6일자>


"어떤 조직도 3분의 1은 변화를 거부한다. 그들에게 대안을 내놓게 하고, 반영하라."
☞ 안토니오 페레즈 코닥 회장. 120년 역사의 필름 회사 코닥을 디지털 이미지 기업으로 변신시킨 비결을 밝히면서. <10월 9일자>


## 3-3. 안철수 교수의 경영명언

- 어떤 일을 선택할 때는 과거를 잊어버리는 것이 중요하다. 과거에 아무리 커다란 성공을 하였든 혹은 치명적인 실패를 하였든 간에 그런 것들은 중요하지 않다. 항상 현실에 중심을 두고 미래를 생각하는 마음가짐이 필요하다. 나 자신도 발전할 수 있고, 재미있게 일을 할 수 있으며, 사회에 도움을 줄 수 있는지를 생각해야 한다.
- 재미있게 일을 할 수 있다는 것에 큰 비중을 두지 않는 사람들이 더러 있다. 그러나 나는 이것이 무엇보다도 중요하다고 생각한다. 재미있다는 것은 오랫동안 열정을 가지고 일을 할 수 있다는 것과 직결된다. 아무리 성취감과 보람이 있는 일이더라도 열정을 가질 수 없다면 계속해서 그 일을 하기는 힘들며 그 분야에서 최고가 되기는 더더욱 힘들다.
- 시간은 원칙을 가지고 올바르게 살아가는 사람들에게는 가장 친한 친구이자 든든한 지원자이다. 그와는 반대로 위선적인 사람들에게는 가장 큰 적이 된다. 시간이 지나면 결국 그 사람이 더 이상 참지 못하거나 왜곡된 사실이 드러나면서 숨겨진 의도가 밝혀지기 때문이다. 시간을 내 편으로 만들고 살아가는 사람은 힘은 들지만 소신 있게 살아나갈 수 있을 것이다.
- 원칙은 손해를 감수하면서 지킬 때 의미가 있다. 눈앞에 보이는 이익을 과감히 버리고 원칙에 충실하면 당장은 손해인 듯 보이지만 결국 그것이 옳은 결

정이었음을 알게 된다.

- 지금이 우리에게는 '뜨거운 가슴과 차가운 머리'가 필요할 때가 아닌가 한다. 냉철한 현실 인식, 과거에 대한 자기반성, 현실에 근거한 치밀한 계획, 그리고 구체적인 결과를 이끌어 내는 실행 능력과 함께 결국에는 성공할 것이라는 믿음과 열정이 현재 우리에게 가장 필요한 것이다.

- 사안에 대한 여러 가지 선택이 존재할 때는, 본질과 직접적인 관련이 있는 것들만 고려해서 판단을 내리면 옳은 결정을 할 수 있다.

- 단기적인 이익이나 승부에 집착하다 보면 당장에는 작은 이익을 볼 수 있을지 몰라도 장기적으로 보면 실패할 가능성이 높아진다. 눈앞의 순간적인 이익에 연연하기보다는 장기적인 관점에서 옳은 쪽으로 판단하고 차근차근 일을 진척시켜 나가는 것이야말로 결국 참된 성공에 이르는 길이라고 믿는다. 성공이라는 본질 자체가 단기적인 것이 아니기 때문이다.

- 이제는 레오나르도 다빈치처럼 한 사람의 천재가 모든 일을 다 해 내는 시대는 지났다. 여러 분야의 전문가들이 힘을 합해서 하나의 큰일을 이루어 나가는 시대가 된 것이다. 이러한 환경에서 필수적인 것은 다른 분야의 사람들에게 자신의 전문지식을 정확하게 전달하는 능력이다. 물론 여기에는 다른 분야의 사람들이 하는 말을 정확하게 이해하는 능력이 포함된다. 이런 능력이 없는 전문가는 자신이 맡은 부분의 일을 잘 해낼 수 있지만, 그 일의 결과를 다른 사람에게 전달해서 더 높은 수준의 성과로 만들어 내지는 못한다.

- 조직이 가지는 진정한 뜻은 '혼자서는 할 수 없는 의미 있는 일을 여러 사람이 함께 이루어 나가는 것'이다. 따라서 조직에 속한 사람이라면 자기 일뿐만 아니라, 다른 사람이나 전체 조직에 대해서도 함께 생각하는 마음가짐이 필요하다.

- 조직이 여러 가지 원인으로 어려움을 겪는 때일수록 가장 필요한 것이 함께 그 배를 타고 있는 동료에 대한 존중과 배려이다. 배려에는 여러 가지 형태가 있을 수 있지만, 가장 기본적인 것이 시간 지키기와 인사하기라고 생각한다.

- 나는 우주에 절대적인 존재가 있든 없든, 사람으로서 당연히 지켜 나가야 할

중요한 가치가 있다면 아무런 보상이 없더라도 그것을 따라야 한다고 생각한다. 내세에 대한 믿음만으로 현실과 치열하게 만나지 않는 것은 나에게 맞지 않는다. 또 영원이 없다는 이유만으로 살아 있는 동안에 쾌락에 탐닉하는 것도 너무나 허무한 노릇이다. 다만 언젠가는 같이 없어질 동시대 사람들과 좀 더 의미 있고 건강한 가치를 지켜 가면서 살아가다가 '별 너머의 먼지'로 돌아가는 것이 인간의 삶이라 생각한다.

- 누구나 노력 여하에 따라 전문가가 될 수는 있지만, 성공적인 경영자가 될 수는 없다.

- 성공을 거두기 위해서는 세 가지 요소가 전제되어야 하는데 마인드, 실제적인 노력, 넓은 시야가 그것이다.

  벤처 기업의 제품기획력은 회사 규모가 아니라 다른 요소에 의해 더 크게 좌우된다.

- 준비가 안 된 상황에서는 기회가 오히려 불행이다.

- 나는 어떤 일을 시작할 때 '이 일을 하면 우리가 좀 더 잘되겠지'라는 판단기준을 적용하지 않는다. 그런 마인드로 제품을 기획하고 새로운 시장에 접근한 적은 한 번도 없었다. 대신 모든 결정에는 '이 일을 하지 않으면 머지않은 장래에 생존을 위협받을 것이다'라는 기준을 적용하였다.

- 영혼이 없는 기업은 그 회사 사람들에게 단지 개개인의 목적을 달성하는 도구일 뿐이다. 그런데 영혼이 있는 기업에서는 전 사원들이 스스로 주체의식을 가지고 기업의 영혼을 자신의 것으로 내재화해서 공동의 발전을 이뤄 나간다. 그런 가운데 기업은 영속하는 우량기업으로 자라날 수 있다.

- 기업은 사람과 같이 살아 있는 유기체이며, 사람이 나름대로 가치관을 가지고 살아야 조화로운 삶을 살 수 있는 것처럼 기업도 하나의 가치관을 가지고 생명을 이어 간다. 가치관을 가진 사람이 존재의 의미에 충실할 수 있듯이 기업도 그러한 가치관이 있어야 그 기업의 존재의미에 충실할 수 있다.

- 핵심가치와 비전은 절대 일방적으로 내려져서는 안 되며 억지로 주입되어서도 안 된다. 그 구성원들이 진심으로 믿어야 하는 것이다. 또 비전은 단기 목

표, 물량적 목표로만 한정되어서는 안 된다. 가령 몇 년까지 매출액 얼마를 달성한다는 것은 목표일 뿐이지 비전의 영역은 아니다. 목표는 단기적인 추동력은 될지언정 기업을 장기간 끌고 가는 동인은 되지 못하며 개개인들도 더 이상의 의미 부여를 할 수 없다.

- 기업의 핵심가치는 실제로 모든 사람이 수용 가능하다고 믿을 정도의 설득력을 전제로 구체화되어야 한다.

평등함과 공정함은 혼동되는 경우가 많다.

- 나는 영리하고 빠른 조직과 느리더라도 건강한 조직 중 하나를 택하라면 느리더라도 건강한 조직을 택할 것이다.

- 누가 묻기 전에는 투명경영이라는 말 자체를 아예 꺼내지도 않는다. 이것은 '착한 사람이 복을 받는다'고 생각한다고 그것을 항상 떠들고 다니지 않는 것과 마찬가지다. 너무나 당연하고 상식적인 명제이기 때문에 아예 의식하지 않는 것이다.

- 경영철학은 가치관과 마찬가지로 정답이 없기 때문에 정확하게 변별하기가 무척 어렵고 그걸 서로가 파악하는 데도 시간이 걸린다. 경영진을 제대로 영입하는 일이 어려운 것도 이 때문이다.

- CEO가 정말 경계해야 할 것은 자기를 둘러싼 만족의 소리가 아니라 드러나지 않는 '불만족의 침묵'이다. 이것은 누구의 말을 빌리자면 바늘이 떨어지는 소리를 듣는 것과 같은 예민함이 요구되는 부분이다. 나도 사실 이 부분에 대해서는 해도 해도 모자란다는 생각을 한다.

돈이든 기술이든 그것은 사람 위에 존재해서는 안 된다. 그래서 인간우위냐 전략우위냐는 질문을 받을 때 나는 당연히 인간우위를 주장한다.

- 사람을 뽑을 때 나는 정신적인 성취감을 물질적인 성취감보다 조금이라도 더 중요하게 여기는 사람을 선호한다.

- 짧은 경험에 비춰 볼 때도 사업은 긴 승부라고 생각하며, 되도록 길게 바라볼 때 성공 확률이 더 높아진다고 본다. 이 기업활동에만 국한되는 것이 아니다. 본질적으로 성공은 금방 보답받는 것이 아닌 것이다.

- 위기관리는 경영의 기본 축 가운데 하나로 모든 의사결정 과정에서 리스크를 항상 염두에 두어야 하는 것은 상식이다. 그러나 그동안 벤처기업 문화에서는 잘 지켜지지 않은 상식이기도 했다.

- 길게 생각하는 것은 경영뿐만 아니라 한 개인의 삶에도 미덕이다. 가치의 문제에서도 장기적인 가치는 단기적인 가치보다 우월하다고 확신하며, 그래서 장기적인 가치를 지키기 위해서 단기적인 손해는 기꺼이 감수할 수 있다고 생각한다. 그리고 돈과 명예에 대한 단기적인 욕망에서 자유로울 수만 있다면 누구나 긴 호흡으로 살아갈 수 있다고 생각한다.

- 리더십과 관련해 아무리 회사가 변화하더라도 바뀌지 않아야 한다고 생각하는 기준은 있다. 그것은 내가 어떤 리더로서 인식되어야 할 것인가에 대한 문제인데, 나는 사원들이 동료의식을 느끼는 CEO가 되고 싶다.

- 인간관계에서 신뢰가 가장 중요하듯 리더십에서도 신뢰의 형성이 가장 중요한 것이다.

나는 함부로 약속을 하지 못한다. 가령 어떤 사람에게 이렇게 해 줄 수 있겠다는 확신이 들더라도 그 확률이 90% 정도면 약속을 하지 않는 주의이다. 99% 정도 확신이 들어야 약속을 하는 것이다.

- 현재 나에게 휴식이 있다면 주말에 가족과 함께 보내는 것뿐이다. 영화관람을 언제 했었는지는 대학시절 굉장히 몰두했던 바둑도 마지막으로 둔 게 언제인지 기억나지 않는다. 주말에 가족들과 책을 보는 것, 동네 우동집 같은 곳에 가서 저녁을 먹는 일, 온 가족이 둘러앉아 DVD로 영화를 한 편 보는 것, 수면, 이 네 가지가 현재 내가 기다리고, 또 할 수 있는 최선의 휴식이다.

- 바둑에서 요소는 승부처이다. 급소를 차지하고 있으면 바둑이 편해진다. 이런 바둑의 원리는 상대방이 먼저 뛰어들면 가장 타격이 큰 곳은 내가 선점해야 한다는 지혜를 주었다. 회사가 어느 정도 성장한 후 유관영역으로 조인트 벤처를 만든 것도 그런 맥락에서이다.

- 벤처기업가가 어느 정도 고민해야 하는지에 대한 기준은 없다. 또 나처럼 고민을 안고 사는 것이 과연 바람직한지에 대해서도 확신은 없다. 그러나 한

가지 분명한 점은 회사는 CEO의 고민을 자양분으로 삼아 성장하는 존재라는 것이다.

- 경영자는 회사가 가지고 있는 기술에만 국한되지 않은, 산업 전반에 대한 폭넓은 지식을 가지고 시장흐름을 파악하여 마케팅 전략을 세워야 한다. 또한 시장상황을 반영한 적절한 제도와 조직체계를 만들어서 유지해야 하고, 바람직한 사내 문화의 정착과 사원 개개인의 사기에 이르기까지 세세한 관심을 기울여야 한다.

- 실리콘 밸리에서는 벤처기업이 실패를 했을 경우, 도덕적으로 문제가 없고 나름대로 최선을 다했다는 게 검증이 되면 그 실패에 대해서 낙인을 찍지 않는다. 즉 인생에 있어서 여러 번 실패하더라도 한 번만 성공하면 그 인생은 성공한 것으로 평가하는 인식이 저변에 깔려 있다.

- 패러다임 변화를 읽는 정확한 눈의 출발점은 자기가 하는 작은 영역에서 최선을 다하고 최대한 고민하는 것이다. 그러한 노력과 고민이 이어질 때 다음 단계가 자연스럽게 들어오게 되는 것이다.

- 기업의 핵심은 핵심역량과 성장률이며, 기업은 매출액보다는 주당 영업 이익이나 성장률 같은 요소로 평가받아야 한다. 코스닥에 등록해서 떼돈을 벌었다거나 돈방석에 앉았다는 말은 모순이며, 또 이는 매우 한시적인 상황일 뿐이다.

- 사업계획은 한 번 만들면 끝이 아니라 사업을 진행하면서 끊임없이 갱신해야 한다. 왜냐하면 기업활동은 아무리 규모가 직디리도 수시로 상항이 바뀌고 새로운 변수가 나다니기 때문이다.

- 일시적인 성공은 말 그대로 일시적인 것임을 기억하자. 일시적인 성공은 늘 치명적인 실패의 원인이 되기도 한다. 대기업이든 벤처기업이든 매우 유명했던 기업들이 어느 날 갑자기 쇠퇴하는 것도 모두 여기에서 기인한다.

- 파트너를 고를 때의 가장 중요한 판단기준은 상대의 가치관에서 나온다. 여기에는 돈에 대한 가치관, 기업활동을 하는 이유, 약속에 대한 책임감, 커뮤니케이션의 진실성 같은 것이 포함된다.

- 나는 다른 사람과 비교하는 것에 큰 의미를 두지 않는다. 특히 양적인 면의 비교에는 거의 가치를 부여하지 않는다. 다만 진정한 비교의 대상은 외부에 있는 것이 아니라 '어제의 나'와 '오늘의 나' 사이에 있는 것이라고 생각한다.

- 실패에도 두 가지 종류가 있다고 생각하는데, 하나는 외형적인 실패이고 다른 하나는 질적인 실패이다. 어떤 사람들은 외형적인 실패에 민감하고 그것에 지나치게 좌절한다. 물론 실패를 거듭하는 것은 피해야 하지만, 우리가 진정으로 의식해야 하는 것은 질적인 면에서의 실패이다.

- 종종 사회생활은 교과서대로 하면 안 된다는 말을 듣는다. 그런데 나는 여기에 찬성하지 않는다. 나는 아직도 교과서와 책은 지혜와 행동의 좋은 기준을 얻는 데 있어 가장 효과적인 도구라고 생각한다.

- 보장된 미래보다는 좋아하는 일을 택하라.

# 제4장
# 인간중심 경영 모범사례

　세계경영의 모델이 되고 있는 미국경영학의 발전과정은 한마디로 관리 중심경영(테일러의 과학적 관리기법)에서 인간중심 경영(호돈실험 이후)으로 발전했다고 볼 수 있다. 아래 그 과정을 4단계(Step)로 요약하여 소개한다. 특히 인간중심 경영의 모범사례로 소개한 5개 업체는 포춘지 100대 기업 중에서 최우수 업체임을 밝힌다.

## 4-1. 미국 경영학의 발전과정

### Step 1. 경영학 태동기(20세기 초)

　미국기사협회(1880년 설립)가 중심이 되어, 노동의 능률, 임금지불을 합리적으로 집행할 방법, 생산을 과학적으로 실행할 방식 등이 연구되었다. 오늘날의 조직이라는 의미보다는 합리적이고 과학적인 접근을 통해 투입(input) 대비 산출(output)의 증대를 도모한 산업 연구활동으로서 미국 경영학의 바탕이 되고 있다.

### Step 2. 과학적 관리 시대(1910~1930년대)

　1) 테일러의 과학 관리법: 동작연구, 시간 단위별 작업량 등 과학적 방법에 의

하여 능률 향상을 추구했다. 개인의 노동 생산성에 초점을 맞추었다.

2) 포드 시스템: 대량생산(mass production) 체제의 도입으로 저가격 제품 제공과 고임금 급여를 추진했다. 작업자 개인에게는 더 많은 임금을, 고객에게는 더 값싼 상품을 제공할 수 있도록 하기 위하여 개인의 노력을 조직적으로 묶어서 효율을 높였다.

3) 페이올(H. Fayol)의 관리론: 체계적인 관리 활동을 통해 조직을 운영하는 기본 활동 요소를 정의했다. 즉 계획, 조직, 지휘, 조정, 통제의 총체적인 관리 활동을 조직의 효율을 올리는 데 활용한 이론으로서 관리이론의 정립 단계로서 큰 의미가 있었다.

## Step 3. 인간관계론, 조직론 시대(1930∼1950년대)

1) **인간관계론**: 관리의 초점이 이제는 조직 구성원들의 능률 향상을 위해 작업환경이 어떤 영향을 미치는지 실험을 통해 입증하고자 호손공장에서 실험을 하였다. 먼저 공장 내의 조명의 밝기와 작업능률의 관계를 실험했다.

그러나 제2차, 3차 실험이 계속되는 동안 작업환경보다는 인간관계가 작업 성과에 영향을 준다는 점을 발견했다. 인간은 감성에 영향을 많이 받는데, 그렇기 때문에 공식적인 조직의 관계보다는 비공식 조직에 의해 영향을 더 크게 받는다는 것이 처음으로 인식되었다.

이 실험의 결과를 토대로 작업 능률을 향상시키는 것은 비단 물질적 작업 환경이나 경제적인 노동조건에 의해서만 영향을 받는 것이 아니라 종업원의 태도나 감정 등의 인간관계에 의해서도 크게 좌우된다는 것을 알아냈다. 이 같은 호돈실험은 이후에 인간중심의 경영을 지향하는 '인간관계론'의 출발점이 되어, 비공식 조직이 생산능률을 좌우하는 중요한 요인이라는 사실을 밝혀냈다.

조직은 통상 눈에 보이는 조직을 일컫고 있으나, 눈에 보이지 않는 인간관계에 의한 조직 즉 비공식 조직은 조직 생활에 많은 영향을 미치므로 이러한 관점에서 조직 구성원들을 관찰하고 관리하는 것이 조직의 목표를 달성하는 데 중요하다는 점을 간과하여서는 안 된다.


## 2) 버나드의 조직론

버나드는 우리가 현재 알고 있는 조직의 특성을 규정한 학자로서 조직에 대해서 다음과 같이 정의하였다. 조직이란, 상호 작용하면서도, 상호 협동하는 서브시스템에 의해서 이루어지는 총체적 시스템을 조직으로 정의하였다. 조직의 목표는 조직 전체 협동을 위해 필요한 분업 기능을 하위조직과 구성원에게 부여하는 것으로서 조직이 추구하는 목표와 그 구성원의 목표를 둘 다 만족하도록 하여야 효과적으로 운영될 수 있다.

따라서 하위조직과 그 구성원의 기여와 공헌도에 따라서 적절한 보상을 하여야 하고 그를 위한 동기를 유도할 수 있도록 하여야 한다. 그리고 대외적으로 경영환경에 대해서 적절한 적응을 통해 대외적인 조직 균형도 필요하다.


## 3) 사이몬의 조직적 의사 결정론

인간은 어떤 행동을 유발할 때 그것을 할 것인가에 관하여 신중하게 고려하여 의사결정을 하며 조직 측면에서도 같은 과정의 결정을 한다. 그러나 경제학에서 언급된 완전한 합리성이 아니고, 고려 항목을 모든 가능성을 전부 고려해서 의사결정 하지 않고 일부 여건을 선택하여 그 바탕하에서 의사결정 하는 제약된 합리성하에 행동하는 특성을 가지고 있음을 언급했다.


## Step 4. 근대적 관리론 시대(1950~ )

1) 쿤츠는 "경영이론의 밀림"이라는 논문을 통해 미국 경영학자들이 수십 년간 다양한 경영이론을 발표한 데 대해 학계의 다양한 정의가 밀림과 숲과 같다고 비판했다. 그리하여 이 이론들 간의 갈등과 대립이 나타나면서 이의 통합 필요성을 주장하였다.

2) 현대 경영의 아버지 드러커는 지속 성장을 위한 회사조직은 먼저 위대한 사
   명을 갖고 출발해야 한다고 했다. 그리하여 비전과 핵심가치를 정립하여 직
   원에게 명확한 정체성을 제시하여야 한다고 했다. 조직 구성원들이 비전과
   가치를 공유함으로써 강력한 조직문화를 형성할 수 있게 되어 기업성과를
   높일 수 있다고 했다. 그리하여 종업원들이 자부심을 느끼고, 투자자 등의
   이해 관계자들로부터 지지를 받으며, 사회구성원들에게서 지지를 받는 회사
   가 되어 지속 성장할 수 있게 될 것으로 봤다.


## 4-2. 인간중심 경영 모범사례-5

|       | 회사 | SAS Institute Inc(사스 인스티튜트) |
|-------|------|-----------------------------------|
| 모범 1 | CEO  | 짐굿나잇 |
|       | 업종 | 소프트웨이개발 및 임대 |


"Welcome to SAS campus." 미국 동부 노스캐롤라이나 주 캘리 시 사스 캠퍼스
드라이브에 위치한 사스(SAS) 본사는 차라리 대학 '캠퍼스'였다.

캠퍼스 정문 경비원이 건넨 환영사처럼 울창한 숲속 사이사이로 건물들이 드
문드문 자리 잡고 있었다. 대학 캠퍼스나 공원도 이 정도로 조경이 잘된 경우는
드물 것이다. 회사 내부를 한번 둘러보기만 해도 절로 일할 맛이 솟구칠 녹지환경
이다. 데이터처리용 소프트웨어 개발·임대 및 관련 서비스업체인 사스. 과연 실
질적인 근무환경도 쾌적한 녹지환경만큼 훌륭한 것일까. 이런 의구심은 지난해
584개의 신규 일자리에 무려 3만 4,052명이 몰려들었다는 이야기를 듣고는 싹 달
아나 버렸다.

트렌트 스미스 홍보담당자는 에둘러 설명했다. "미국 IT업계의 평균 퇴사율이
연 17~20%에 달하지만 사스는 겨우 5%에 불과하다"는 것. 그나마 5%도 스카우
트되거나 배우자를 따라 사정상 근무지를 옮겨야 하는 등 어쩔 수 없이 퇴사하는
경우가 대부분이라고 했다.

그는 최저수준의 퇴사율에 대해 짐 굿나이트 공동 창업자 겸 회장의 경영철학이 빚어낸 근무환경 덕분이라고 말했다. "회장이 항상 직원들을 믿고 특별하게 대우하면 성과가 나게 마련(Happy and healthy working environment makes employees productive)이라는 신뢰경영을 고집하고 있다"고 강조했다. 직원들을 존중해 주는 만큼 회사가 되돌려 받는다는 얘기다. 특히 소프트웨어 산업은 지적 사업이어서 단순한 복리후생보다는 직원들의 창의성을 키우는 투자에 힘을 기울인다. 실제 사스는 직원들에게 탁아시설, 의료시설, 피트니스센터 등 '월드 클래스'의 총체적 편의를 제공하고 있다.

미국기업으로서도 드물게 주 35시간 근무제를 도입해 오후 5시면 모든 직원을 퇴근시킨다. '캠퍼스' 내 7,500㎡의 의료시설에는 외과 가정의, 물리치료사, 마사지사 등을 두고 직원들의 건강을 돌보고 있다. 의료비는 직원 1인당 100달러, 가족 당 350달러, 외부 진료기관 이용 시에는 1,000달러까지 보조해 주고 있다.

• 매컬렌의 자기 회사 소개

SAS사의 시장 조사 분석가

"평생 일하고 싶은 직장이에요." 사스(SAS)의 시장조사분석가인 매켈렌은 한마디로 이렇게 만족감을 표현했다. 9년째 일하고 있는 그는 "이전 직장에서는 3년 만에 퇴사했으나 사스는 정신적으로나 육체적으로나 편안하게 일할 수 있는 근무환경을 조성해 주기 때문에 이직은 한 번도 생각조차 해 본 적이 없습니다"라고 강조했다. IT업계에서는 사스가 "요람에서 무덤까지 책임지는 직장으로 소문나 있다"고 자랑했다.

사스가 그를 사로잡은 것은 비단 각종 편의시설이나 복지혜택뿐만 아니다. CEO가 주는 신뢰감이 강한 자력으로 작용하고 있다. 그는 굿나이트 회장을 "일반직원과 다름없는 평범한 사람(Regular Guy)"이라고 했다. "회장이 캠퍼스 내에 거주하면서 세탁소에서 직접 세탁물을 찾거나 카페테리아에서 가족들과 식사하는 모습은 전혀 이상하지 않다"고 말했다.

매컬렌의 찬사는 빈말이 아니다. 사스는 '올해 일하기 가장 좋은 백대 미국기업' 중 3위(지난해 2위)를 기록했다. 1976년 설립됐으니 지난해 매출액은 20억 달러(2007년 추정), 직원 수는 총 8,309명이다 매출액 대비 R&D 투자비는 약 30%에 달하고 현재 미국 내에 45개, 전 세계에 68개의 지점을 두고 있다.

굿나이트 회장이 종업원들은 존중받을 권리가 있다며 근무환경에 최대한 신경 쓰는 것은 과거 60년대 말~70년대 초 GE에서 근무했던 경험에서 비롯됐다는 것이 직원들의 이야기다. 그는 당시 GE의 근무환경이 썩 좋지 않았던 데서 평생 잊지 못할 교훈을 얻었다고 한다.

직원 1인당 세 자녀까지 사내 몬테소리 탁아소도 무료로 이용할 수 있다. 전체 직원들의 51%를 차지하는 여성 직원 및 매니저들을 향한 배려다. 부득이하게 퇴근이 늦어 저녁식사를 못 챙기는 직원들을 위해서는 'Meals to go' 프로그램을 운영하고 있다.

집에 가서 가족과 함께 요리해 먹을 수 있도록 저녁식사 재료를 챙겨 주는 세심함이 엿보이는 프로그램이다. 또 거의 모든 직원들에게는 개인 사무실을 마련해 줘 업무에 집중할 수 있도록 했다.

이런 환경은 어떻게 직원들의 성과와 회사수익 증가로 이어질까. 회사 측은 소프트웨어를 임대(Licensing)해 주는 게 주요사업인데 고객 이탈률이 2% 이하라고 설명했다. 종업원들이 그만큼 열심히 일한다는 뜻이다. 미국 내 100위권에 속하는 기업들 중 97%가, 500대 기업기준으로는 80%가 사스의 소프트웨어를 사용하고 있다는 점이 이 같은 사실을 뒷받침한다.

직원들을 장기간 편안하게 근무하도록 지원하고 배려해 줄수록 충성도 높은 고객이 잘 유지되고 창출된다는 것이다. 간접비용이 줄어드는 효과도 있다. 한 조사에 따르면 직원 한 사람이 1년 더 근무할 경우 미국 IT업계 전체적으로 한 해 7,500만 달러의 간접비용이 절감되는 효과가 발생한다고 한다.

사스는 조직의 활력을 유지하기 위해 직원들이 다른 부서로 자유롭게 이동할 수 있도록 허용하고 있다. 다만 무작정 이동시키는 게 아니다. 체계적인 교육 프로그램을 통해 영업훈련, 기술훈련, 관리훈련 등을 받게 한 후 새 포지션으로 이동시킨다. 직원들의 3분의 1이 그렇게 이동해 자기를 개발하고 성과를 높이고 있다.

직원들에 대한 회사의 투자와 신뢰는 자연스럽게 회장을 비롯한 경영진에 대한 직원들의 믿음을 낳고 있다. 직원들은 전 세계 어느 지점에서라도 웹 캐스트라는 온라인을 통하면 CEO와 의사소통이 가능하다.

CEO와 임원들이라고 해도 다른 특혜를 누리지 않는다. 임직원들은 카페테리아에서 가족과 함께, 직원들과 함께 식사를 한다. 평 직원들처럼 회사 어디서나 마주칠 수 있는 사람들이다. 가족과 같은 분위기가 회사와 직원들의 가치를 높인다고 보기 때문이다.

그래서일까. 굿나이트 회장이 회사 전체 주식의 3분의 2를 다른 공동 창업자 1명이 나머지 주식을 소유하고 있으나 기업지배구조에 대한 직원들의 불만은 전혀 없다. 흔한 스톡옵션 제도도 도입하지 않았다. 직원들은 퇴직할 때 15%의 이익공유(Profit sharing)가 이뤄지는 정도다.

회사는 금전적인 보상을 늘리는 대신 전반적인 근무환경의 질을 높여 주는 데 더 큰 비중을 두고 있다. 금전적인 보상이 궁극적으로는 회사의 지속적인 비교우위를 유지해 줄 수 없다고 보는 까닭이다.

기업의 성공 여부는 직원들에게 달려 있다는 신념을 창업할 때나 지금이나 꾸준히 지켜 가고 있는 굿나이트 회장. 최첨단 산업에 속한 기업임에도 그의 신뢰경영철학은 액자 속의 것이 아니었다.

| 모범 2 | 회사 | Texax Instrument Inc(텍사스 인스트루먼트) |
|--------|------|------------------------------------------|
|        | CEO  | 존클래런스 카처 |
|        | 업종 | 전자제품 |

1938년 존 클래런스 카처(John Clarence Karcher)와 유진 맥더못(Eugene McDermott)이 텍사스에 지오피지컬서비스(Geophysical Service Inc.)라는 이름으로 설립하였으며, 1951년 지금의 이름으로 바꾸었다.

세계적 반도체 제조업체 가운데 하나로서, 아날로그 칩과 디지털 시그널 프로세서(DSP) 분야의 시장을 주도하고 있다. 전 세계에 판매되고 있는 무선 전화기의 과반수가 이 회사의 DSP를 장착하고 있으며 그 밖에 VCR, 자동 시스템, 컴퓨터 모뎀 등의 장치에도 사용된다. 매출액의 85% 이상을 차지하는 반도체에도 논리 칩, 마이크로프로세서, 마이크로컨트롤러 등이 포함되어 있다. 또 계산기, 전자제어상치, 커넥터 등노 생산한다. 매출액의 4분의 3 가까이 해외로 수출하고 있으며, 핵심 칩을 집중 개발하기 위해 꾸준히 흡수합병을 실행히고 있다. 본시는 텍사스 주 댈러스에 있다. 한국에는 1977년 반도체OEM 사업을 기초로 진출하였으며, 1988년에는 서울특별시 강남구 삼성동에 자회사인 텍사스인스트루먼트코리아(TI코리아)를 설립하였다.

'왜 TI에 근무하는가. 열심히 일하고자 하는 동기는?' 2년 전 텍사스 인스트루먼트(TI)가 직원들에게 돌린 설문서 항목은 이렇게 시작됐다. 회사 경쟁력을 재점검하기 위한 가장 '원초적'인 질문이었다. 그럼 가장 많은 응답은 무엇이었을까.

바로 '잠재력을 개발하기 위한 기회를 얻을 수 있는 곳이기 때문'이란 것이었다.

세계 유수의 반도체 및 정보통신 소재업체인 미국의 텍사스 인스트루먼트가 직원들로부터 이 같은 '다행스러운' 응답을 얻을 수 있었던 것은 인력자원(HR) 정책을 크게 바꾼 덕분이다. 기업 경쟁력은 곧 유능한 인력에 있다고 판단, 우수인재를 확보하고 묶어 두려는 전략을 실천한 결과다.

그 전략의 밑바탕엔 "유능한 직원들은 유능한 직원들끼리 어울린다(Smart people play with smart people)"는 단순하지만 명확한 인력정책 원칙이 깔려 있다.

캐서린 콜린스 HR담당 이사는 "첨단기술의 수명이 짧듯이 첨단업종에서는 이직률이 높다. 과거의 경우 대다수 대졸 입사자들은 겨우 2~3년 정도를 근무하다가 퇴사하는 사례가 많았다. 이 같은 현상을 방지하고 유능한 인재를 붙잡아 두기 위해선 그럴 만한 환경을 만들어 줘야 한다는 절박함이 회사 내에 팽배했었다"고 말했다.

- 러베트

  TI부사장의 말

인력정책을 성공적으로 전환할 수 있었던 가장 중요한 요인은 최고 경영자의 의지와 관심이었습니다.

텍사스 인스트루먼트의 멜런디 러베트 인력자원담당 부사장은 우수인재확보 및 육성을 통한 기업의 경쟁력 강화를 위해서는 CEO의 역할이 무엇보다 중요하다고 강조했다. 실무 부서에서 아무리 좋은 아이디어나 프로그램을 내놓더라도 CEO가 관심을 가지지 않으면 실패할 수밖에 없다는 것이다.

그는 "과거 인력정책의 문제점이 반영된 설문조사 결과를 CEO에게 보고 했더니 흔쾌히 받아들이며 과감히 개선책을 추진하자고 했다"면서 HR 쪽에서도 추진 중인 인력정책 개선 프로그램에 대해 CEO가 항상 관심을 갖도록 유도했다고 말했다.

텍사스 인스트루먼트가 인력정책에 관심을 가지기 시작한 것은 지난 '97년부터라고 한다.

그는 "당시 미국 내 공대 졸업생이 줄어들던데다 신생 인터넷 업체들로 공대생이 몰리면서 인재 부족현상이 발생해 인력정책에 바짝 신경을 쓰게 됐다"고 설명했다. 우수인재 중심 인력정책의 효과와 관련해서는 "회사수익을 극대화하는 게 궁극적인 목표라면 당장은 눈에 보이지 않지만 점진적으로 효과가 나타나고 있다"고 말했다.

텍사스 인스트루먼트의 지난해 매출액은 118억 7,500만 달러였으며 매출비중은 반도체 부문이 83%로 가장 높았고 각종 전자기기용 센서부문 등이 12%, 교육용 솔루션부문 등이 5%를 차지했다.

텍사스 인스트루먼트가 유능한 인재를 구하고, 유능한 인재가 이직하지 않도록 하기 위해 취한 가장 우선적인 조치는 리더들의 인식을 바꿔 놓는 일이었다. 직장을 떠나는 이유는 금전적인 문제도 있지만 유능한 리더(Smart Leader)가 없는 탓이라는 답을 찾아낸 것이다.

콜린스 이사는 "과거에는 톱다운(Top-Down) 시각에서만 인력을 관리해 왔다. 주로 매니저 등 상사들에게 아래 직원들의 역량을 물어봤으나 이젠 직원들과 입사 희망자들의 시각을 존중하고 있다"고 말했다.

"리더들이 어떻게 직원들을 관리하느냐에 따라 사업의 성공과 실패를 결정한다고 보고 있다. 똑똑한 인재들을 끌어들이는 책임과 의무는 리더에게 있다는 결론을 내렸다"는 게 그가 덧붙인 설명이다.

회사 측은 그래서 HR 부서가 가지고 있던 인력채용과 교육권한을 매니저 등 실무 리더들에게 적극적으로 이양했다.

'톱텐 아웃플로(Top 10-Outflow) 정책'이라는 정글의 법칙도 도입했다. 직원들 중 상위 10%와 하위 10%를 철저히 구분하는 정책이다.

예컨대 톱텐은 바텀텐보다 더 많은 시간을 할애해 리더십 교육을 키워 주고 있다. 바텀텐은 지원규모와 인센티브도 적다. 교육성과가 낮으면 냉엄하게 해고하고 있다.

텍사스 인스트루먼트에서 리더에게 부여된 또 하나의 의무는 부하 직원들이 신바람 나게 일할 수 있는 환경을 만들어 주는 일이다. 한국계인 한 직원은 "직원들이 직장을 떠나게 되는 것은 상사와의 갈등에게 비롯되는 경우가 많다"며 "TI에서는 갈등이 생기면 다양한 방법으로 해결해 주기 위해 노력하고 있다"고 전했다.

일반직원과 보스와의 사이에 문제가 발생할 경우 아래 직원이 좌절하지 않도록 합리적인 해결책을 찾아 주고 있다는 것이다. 이 회사가 취하는 문제해결 방식은 아래 사람에게 언로(言路)를 열어 주는 소위 오픈도어 정책으로 불리는 방법이다. 불만이 있는 직원은 우선 HR 부서에 그 사실을 알린다. 그 후 해당직원은 담당임원에게도 직접 그 내용을 알리도록 한다.

그는 "어느 한국계 직원이 보스와 자신 간의 심각한 갈등문제를 부사장에게 보고했다. 보스와 그 부사장은 절친한 사이였다. 그렇지만 부사장은 한국계 직원의 얘기를 끝까지 경청한 다음 보스와의 문제를 합리적으로 해결해 줬다. 지금 그 직원은 직장을 떠나지 않고 잘 근무하고 있다"고 덧붙였다.

텍사스 인스트루먼트의 인력정책은 직원들의 업무와 삶의 적절한 균형을 이루도록 하는 데 초점을 맞추고 있다. 회사에 대한 충성도를 높이려면 직원 개개인이 만족한 삶을 살 수 있도록 적극 배려해 줘야 한다는 인식이 배어 있다.

왼쪽 코를 뚫어 피어싱을 한 리라 왈렌타인 홍보담당여직원은 "회사가 사적인 취미생활에 전혀 간섭하지 않고 이를 보장해 주는 데 만족한다"며 "개인적으로 환경보호 연구활동에 관심이 많은데 회사에서 이를 권장하고 지원해 준다"고 말했다.

텍사스 인스트루먼트의 이 같은 인사정책은 "일하기 좋은 훌륭한 일터(Great Work)에는 유능한 리더(Great Leaders)가 북적거리고 직원들에 대한 배려와 보상도 크다(Great Rewards)"는 경영철학에서도 선명히 읽을 수 있다.

텍사스 인스트루먼트는 탄력적 근무시간제 등 각종 제도와 혜택을 도입해 직원들의 사기를 진작시키고 있다. 회사 일과 개인적 삶을 조화시켜 줌으로써 우수 인력을 확보하자는 차원이다.

대표적인 사례를 소개한다.

－탄력적 근무시간제

업무의 성격에 따라 출근시간을 다양화했다. 지난 94년부터는 1주일에 하루 또는 며칠씩 채택근무를 허용하고 있다.

－부모들 간의 네트워크

자녀가 있는 직원들이 보다 원활히 부모 역할을 할 수 있도록 온라인상으로 자녀 교육정보와 경험 등을 서로 공유하도록 하고 있다.

－뉴 마더스 룸(New Mother's Room)

사내에 육아실을 갖춰 놓고 부모가 된 직원들에게 편의를 제공하고 있다. 육아실에는 냉장고, 전화, 싱크대, 안락의자 등이 마련돼 있다. 텍사스 주 보건부로부터 우수 프로그램으로 선정돼 상을 받기도 했다.

－하계 어린이 캠프

지난 95년부터 시작한 것으로 10주간의 프로그램이다. 아침 7시부터 오후 6시까지, 월요일부터 금요일까지 운영된다. 운영은 전문 기관에 맡겨 부모들로부터 신뢰를 얻고 있다.

| 모범 3 | 회사 | Container Store Inc(컨테이너 스토어) |
| | CEO | 킵틴델 |
| | 업종 | 장비산업 |

미국 텍사스 주 댈러스 시 알파로드에 위치한 컨테이너스토어, 남녀 직원들이 푸른 앞치마를 두른 채 2,500평방피트의 영업장을 분주히 오가고 있다. 누가 점원인지, 누가 매니저인지 전혀 구분이 가지 않는 차림새다. 모두가 각각의 고객들을 상대하며 무엇인가를 열심히 설명하고 가리키며 그려 주고 있다. 얼핏 보면 여느 기업과 크게 다른 점을 찾기가 쉽지 않다.

그렇지만 컨테이너스토어는 2000년, 2001년, 2002년 포춘이 선정한 백대 일하기 좋은 기업에서 각각 1위, 1위, 2위에 랭크된 회사다. GE, 마이크로소프트 등 내로라하는 미국의 간판기업들을 제치고, 앨리슨 코프랜드 홍보담당자는 이 회사가 일하기 좋은 기업에서 선두 랭킹을 유지하는 데 대해 경영층과 직원들 간의 신뢰, 직원들 사이의 신뢰, 고객과 직원들 간의 신뢰 때문이라는 말로 압축했다.

그는 설명을 이어 갔다. 전 직원과 심지어 사장 및 회장까지 청소 판매 영업 등 모든 업무를 같이 한다(Everybody does everything. A saleman is a manager, amanager is a salesman)고 말했다.

특히 업무에 관한 결정은 회장이 내리는 것이나 점원이 내리는 것이나 동일하다. 다시 말해 경영층과 직원들의 커뮤니케이션이 차단되지 않는다고 했다. 그는 무엇보다 거창한 경영이론, 액자 속의 경영철학이 아니라 언제든지 일상 업무 속에서 활용할 수 있는 원칙에 의해 회사가 움직인다고 강조했다.

실제 컨테이너스토어엔 경영정책이나 가이드라인이 따로 없고 오로지 6가지 원칙만 존재할 뿐이다. 가장 중요한 2가지(Golden Rules) 중 하나는 '내가 대접받기를 원하는 만큼 다른 사람들이 성장할 수 있도록 도와주라(Fill the others basket)'는 것이다.

이 원칙은 철강왕 앤드루 카네기가 한 말에서 따왔다. 컨테이너스토어는 경영진과 직원, 직원과 직원, 고객과 직원, 협력 및 납품업체들 모두에 이 원칙을 적용하고 있다. 서로를 신뢰하도록 하는 원칙이다. 예를 들어 납품업체 트럭이 들어와 물건을 부리고 나면 점원들이 트럭을 청소하고 말끔히 정리 정돈해 준다. 납품업체가 쓰러질 경우 일정기간 제품을 보관해 주기도 한다.

한 가지 골든 룰은 'Man-in-the desert'다. 이 원칙에 따르면 고객이 플라스틱 박스 하나를 사고 싶어 하면 점원은 단순히 박스가 놓인 위치만 가르쳐 주는 게 아니다. 박스에 물건을 담을 때 테이프는 어떻게 붙이는지, 박스를 어떻게 포장해야 하는지, 어떻게 보내야 하는지 등 세세한 정보를 컨설팅해 준다. 고객이 예상했던 것 이상의 정보를 알려 주는 것이다.

• 컨테이너스토어는 포장용 박스, 여행용 가방, 부엌용 선반, 옷장 등 보관용 장비를 생산·판매하는 회사다. 지난 78년 킵 틴델과 가레트 부베가 창업했다. 포춘지는 2000년, 2001년 연속 이 회사를 미국의 일하기 가장 좋은 백대 기업 1위로 선정했다. 올해는 증권회사인 에드워드 존스에 이어 2위를 기록했다.

텍사스 주 댈러스 시에 본사를 두고 있다. 지난해 말 현재 종업원 수는 1,677명, 매출액은 2000년 기준으로 2억 2,500만 달러, 미국에 27개 지점을 두고 있다. 지난해 말 현재 초임은 전문직 및 생산직이 각각 3만 7,400달러와 2만 500달러.

지난해 신입사원 선발 땐 204명 모집에 무려 2만 7,482명이나 몰렸다. 얼마나 일하기 좋은 기업인지를 실증해 주는 대목이다. 임직원들은 회사 소개용 푸른 명함을 가지고 다니면서 회사를 홍보하고 동시에 입사를 권유하기도 한다. 명함엔 전화번호와 함께, '미국에서 가장 일하기 좋은 기업에 입사하기를 권합니다'라는 문구가 들어 있다.

컨테이너스토어는 특히 기업경영에 6가지 독특한 원칙을 적용하고 있다.

- 다른 사람들의 물통을 가득 채워 주라. 그렇게 하면 돈은 쉽게 찾아 들어온다.
- 고객이 사막 한가운데 서 있다고 생각하고 최상의 서비스를 제공하라.
- 훌륭한 직원 한 명을 뽑으면 세 사람 몫을 한다.
- 일에 대한 창의성은 끊임없이 노력하는 가운데 얻어진다.
- 고객에게 최상의 선택이 되도록 하고 가장 합리적인 가격을 제시하라.

다양한 질문을 통해 고객이 미처 생각하지 못한 것을 조언하고 만족시켜 줌으로써 신뢰를 쌓아 간다. 박스 하나만 파는 게 아니라 '신뢰를 판다'는 원칙이다. 고객들에 대하 서비스가 최고 브랜드인 셈이다.

컨테이너스토어는 이 같은 영업을 위해 1년에 235시간을 영업지원 훈련에 투자하고 있다. 신입사원을 채용할 때는 세 번째 원칙이 적용된다.

"한 사람의 훌륭한 일꾼이 세 사람 몫을 한다(One great person equals three good people)"는 원칙이다.

한 사람이라도 올바로 뽑아 훈련시켜야 고임금을 주어도 아깝지 않다는 원칙이다. 연봉 규모는 직급에 제한되지 않는다. 판매가 잘 되는 곳과 안 되는 곳을

번갈아 이동시켜 준다. 자신이 원하면 평생 일할 수 있다. 점원이 매니저보다 더 많은 연봉을 받기도 한다. 대부분의 직원들은 컨테이너 스토어에서 쇼핑하다가 회사 분위기에 매료돼 입사했다고 한다. 목사, 군인, 증권사 직원, 교사, 엔지니어 등 다양한 출신의 직원들이 컨테이너 스토어에서 근무하는 이유다.

기자 출신인 존 노먼 매니저는 현재 직원들의 자기 개발 업무를 담당하고 있는데 9년째 근무 중이다. 그는 "회사의 경영원칙과 비전이 마음에 들어 입사했다"고 말했다. 판매대 카운트를 보고 있는 점원 휘트니 씨는 "5년째 근무하고 있다"며 "점원들의 친절한 컨설팅이 기억에 남아 입사했다"고 전했다.

신입사원 채용방식이 독특하다. 전 직원이 심사한다. 매니저나 사장은 직원들이 평가한 내용을 존중해 입사자를 최종 결정한다. 종업원을 무시하고 매니저만 만나야겠다고 고집하는 구직자들은 받아들이지 않는다. 경영층이 종업원들을 신뢰하고 있다는 얘기다. 3시간짜리 시간제 구직자(파트타이머)를 채용하더라도 파트타이머로만 보고 채용하지 않는다. 미래의 매니저. 사장감으로 보고 뽑는다. 실제로 리셉셔니스트에서 부사장까지 오른 파트타이머 사례도 있다.

컨테이너스토엔 수평적·수직적 커뮤니케이션을 위한 특별한 시스템이 없는 것도 특징이다. CEO는 '회사 어디를 가나 눈에 띄는 사람(Visible man)'이다. 업무 현장에서 수시로 볼 수 있는 사람이다. 티 안 내고 종업원과 같이 일하면서 강한 신뢰감을 심어 주고 있다.

직원들은 파트타이머들과도 회사정보를 공유하고 있다. 파트타이머는 중요한 시간대에 일손을 빌려 쓰는 사람이라는 뜻으로 이곳에서는 프라임 타이머(Prime Timer)라고 부른다. 단어 자체에 파트타이머를 존중하는 생각이 담겨 있다. 3년 이상 경력의 파트타이머에게는 의료보험 혜택까지 준다. 컨테이너스토어에서 파트타임으로 일한 경험이 있는 사람들 중 약 50%가 신입사원으로 입사해 정착한다는 까닭을 알 수 있는 대목이다.

경영진과 직원들 사이, 직원과 직원 간의 의사소통을 통한 신뢰 형성이야말로 긴데이너스토어가 일하기 좋은 직장으로 선정된 가장 중요한 배경이며 회사의 최고 경쟁력이다.

| 모범 4 | 회사 | Synovus Financial Inc(시노버스 금융사) |
| --- | --- | --- |
| | CEO | Samuel F. Hatcher |
| | 업종 | 금융업 |

눈만 뜨면 달려가서 일하고 싶은 회사. 미국 조지아 주 콜럼버스 시에 있는 종합금융회사 시노버스 파이낸셜(Synovus Financial)의 종업원들은 회사를 이렇게 평한다.

웬디 스미스라는 직원은 "전에 다니던 회사에서는 일에 대한 자부심을 느낄 수 없었는데 시노버스가 인수키로 했다는 얘기를 접하고는 사뭇 흥분되기까지 했다"고 밝혔다.

3년째 근무 중인 엘크 브럼보 직원은 A+ 점수를 주고 싶은 직장이라고 말했다. 시노버스가 이처럼 직원들의 사랑을 듬뿍 받고 있는 비결은 무엇일까. 티모시 래드니라는 직원은 "회사가 수백억 달러에 달하는 금전적 자산보다 1만 1,000명의 직원들을 더욱 중요한 자산으로 여기고 있기 때문"이라고 말했다. 웬디 스미스 씨는 "직원들이 자부심과 열정을 갖고 근무할 수 있도록 회사가 시스템과 분위기를 만들어 준다"면서 "직원들에게 관심을 가져 주는 것 자체가 비결"이라고 설명했다.

직원들을 향한 관심은 시노버스 사무실 곳곳에서 발견된다. 사무실 밖 경치를 앉은 자리에서 감상할 수 있도록 자리 배치를 한 것이나 직원들을 부를 때 '멤버'라는 호칭을 사용하는 것 등은 작은 배려이지만 종업원들에게는 더없는 행복감을 안겨 주고 있었다.

시노버스가 베푸는 작은 배려들의 뿌리는 사람중심, 직원중심의 경영철학(It all starts with treating people right)이다. 관련 시스템을 구축하고 가동한 것은 지난 1996년부터이다.

종업원들을 대상으로 설문조사를 실시한 결과 '불만족'이란 응답이 많았던 데서 자극받았다. 그동안 회사가 급성장해 왔지만 상대적으로 직원들을 소홀히 했다고 반성하기 시작한 것이다.

대표적인 시스템은 PDE(People Development Exponent) 프로그램. 회사 측은 "직

원중심의 시스템을 가동한 결과 96년 86억 1천만 달러이던 자산이 올해는 167억 달러로 급증했고 직원 수는 7,715명에서 1만 1,000명으로 늘어났으며 계열사는 40개에서 55개사로 불어났다"고 설명했다.

• **로버트 워드**
   시노버스사의 부사장의 말

"일하기 좋은 근무환경을 만들어 줘야 회사이익도 늘어나지요." 로버트 워드 시노버스 파이낸셜 홍보담당 수석 부사장의 얘기다. 그는 "금융상품, 금융기술 개발보다 직원들의 근무환경을 개선하고 배려하는 게 최우선"이라고 강조한다.

워드 부사장은 "회사수익을 늘리기 위한 금융상품 및 신기술 도입 등은 마음만 먹으면 금방 가능한 것이지만 일하기 좋은 훌륭한 근무환경은 단시간에 조성되는 게 아니다"라고 지적했다.

그는 "우리보다 덩치가 큰 금융회사들이 M&A를 당하는 배경을 분석해 본 적이 있는데 사업에만 치중한 나머지 직원들의 업무 환경이나 성장을 중시하지 않았다는 공통점을 발견했다"면서 "기업 경쟁력의 핵심요소는 직원"이라고 말했다.

시노버스 파이낸셜은 종합금융서비스 회사다. 급여처리 시스템개발 · 판매 및 e커머스, 은행, 재무관리, 담보, 보험, 리스부문 등의 금융서비스를 제공하고 있다. 지난해 기준 매출액은 13억 9,500만 달러, 총 직원 수는 1만 995명이다. 포춘지는 올해 이 회사를 미국에서 일하기 가장 좋은 백대 기업 중 5위로 선정했다. 지난해 8위에서 3계단 뛰어오른 순위다.

PDE 프로그램의 핵심은 커뮤니케이션을 통한 원활한 의사소통과 리더십 교육이다. 커뮤니케이션 원칙은 △ 회사가 직원들에게 매일 비전과 전략을 인식시키고, △ 직원들로부터 피드백을 받으며, △ 인터넷 홈페이지(In · Site)와 각종 사내 발행물을 통해 커뮤니케이션 채널을 항상 유지한다는 것 등이다.

피드백 채널은 '신뢰문화위원회', 'CEO 미팅', '웰컴 블랙퍼스트', '포커스 그룹' 등을 통해 실현되고 있다. 이 중 '신뢰문화위원회' CEO가 매주 오후 한나절을 할애해 무작위로 선정한 직원들을 대상으로 회사와 직원들 간의 신뢰수준을 묻고 대답하는 시간을 갖는 것이다.

포커스 그룹에서는 회사가 직원들로부터 나오는 질문이라면 어떤 것이라도 답변을 해 주고 있다. In · Site를 통해서는 구체적인 사업부문, 직원건강 문제 등이 다뤄지고 있다.

사보인 커넥션은 회사가치, 직원들의 일과 삶, 기업문화 등을 발굴해 전파시키고 있으며 이 밖에 e메일, 보이스 메일 등 동원할 수 있는 모든 커뮤니케이션 통로를 뚫어 놓고 있다.

시노버스는 한마디로 과다하다 싶을 정도의 의사소통(Overcommunicate)이 있어야 한다고 믿고 있다. 'CEO는 직원들이 의사소통을 통해 만족을 느껴야 생산성이 높아지고 소비자를 만족시키며 이익도 늘어날 수 있다'는 신념을 강력히 밀고 나간다.

PDE 프로그램의 리더십 교육은 서번트 리더십 확산을 통해 이뤄지고 있다. 리더가 사업부문뿐만 아니라 다른 직원들이 성공할 수 있도록 자극하라는 교육이다. 리더십 교육단계는 리더, 관리자급 리더, 임원급 리더로 구분해 교육하고 있다.

각 단계의 리더십 교육과정에서 리더로서의 자기 진단은 필수적인 절차다. 자신의 성격, 심리, '나는 누구인가?' 등을 평가하게 된다. 리더로서 '구성원들을 어떻게 이끌어갈 것인가?' '사업전략은 어떻게 기획할 것인가?' 등은 그 다음으로 고민하고 연구하는 수순이다.

시노버스는 우수인재를 놓치지 않기 위해 '탤런트 매니지먼트 프로그램'도 실시하고 있다. 우수 인재들에게 항상 자신이 인정받고 있다는 인식을 심어 주기 위해서다. 인정받지 못하는 직원들은 직속상사와 함께 '나의 문제점은 무엇인가' 등을 되짚어 보게 해 갈등요소를 해소시켜 나간다.

이 같은 직원 중심의 기업문화에 대해 직원들이 대만족하고 있음은 물론이다. 인력교육센터 곳곳에는 '회사와 우리는 함께 성장한다', '우리 회사는 직원들이 전부다' 등 자부심을 높여 주는 슬로건들로 충만하다. 그런데도 회사 측은 1년마다 설문조사를 실시해 직원들의 소속감을 체크하면서 부족한 점을 개선하고 있을 정도다.

장기 근속직원들에 대해선 5년 근속, 10년 근속 등 5년 단위로 끊어 격려하고 있다. 선물은 기본이고 CEO와 식사할 수 있는 특전을 마련해 준다. '팀 어프리시에이션 데이즈(Team Appreciation Days)'라는 특정한 날을 정해 놓고 회사가 정기적으로 직원들에게 감사하는 기회까지 마련해 놓고 있다. 직원들의 지역봉사 활동도 적극 지원해 주고 있다. 지역과 탄탄한 신뢰관계를 쌓으면 후에 사업적인 성과로 되돌아온다고 믿기 때문이다.

"직원을 단순한 고용자가 아닌 하나의 인격체로, 가족으로 대접하는 회사를 만드는 것이 목적이지 미국에서 가장 일하기 좋은 회사로 선정되는 게 목적이 아니다"고 강조하는 시노버스 파이낸셜. 설립 후 지난 1백14년 동안 한 번도 대규모 해고(Layoff)를 단행한 적이 없다는 이 회사야말로 신뢰경영의 전형인 셈이다.

| 모범 5 | 회사 | TD Industries Inc(티디 인더스트리즈) |
|--------|------|-----------------------------------|
|        | CEO  | 잭 로웨(Jack Lowe Jr) |
|        | 업종 | 시스템의 설치 및 운영서비스 |

미국 댈러스 디플로매트가에 위치한 TD 인더스트리즈 본사. 건물 외벽에 표시된 문구가 유난히 기자의 눈길을 사로잡았다. 서로 팔짱을 낀 직원들을 상징화한 회사로고 바로 아래 '종업원들이 소유한 회사(An Employee Owned Company)'라는 내용이 새겨져 있었다. 건물 안으로 들어서자 잭 로웨 주니어 TD 인더스트리즈 회장이 반갑게 방문자를 맞았다. 의외였다. 다른 기업 같으면 홍보담당자가 방문객을 접대할 텐데 회장이 직접 프리젠테이션(회사소개 및 설명)에 나서다니!

"훌륭한 사람들이 와서 일하게 만드는 게 우리 회사의 존재 이유입니다."

로웨 회장의 첫마디 또한 예사롭지 않았다. 외벽 문구대로 TD 인더스트리즈가 100% 종업원 지주 회사라는 점은 그의 말을 뒷받침했다.

이 회사 종업원들은 '파트너'라고 불린다. 수직적인 고용관계가 아니라 회사와 함께 커 가는 수평적인 파트너로 존중되고 있다.

전체 종업원(지난해 1,368명) 중 14%가 10년 이상 근무경력을 보유하고 있을 정도다. 미국에서는 그리 흔하지 않은 케이스나. 프로젝드 매니지인 존 게하드는 아이젠하워 대통령 시절(1953~1961년)에 입사해 장기 근무하고 있다. 제시 매케인 인력담당 매니저는 "모두 파트너이기 때문에 회사가 어려울 때나 좋을 때나 고락을 같이하는 단단한 결속력을 갖고 있다"고 강조했다.

TD 인더스트리즈를 특징짓게 하는 경영철학엔 '서번트 리더십(Servant Leadership)'이 자리 잡고 있다. 좀 더 구체적으로 말하자면 서번트 리더십을 통한 종업원 존중이다. 로웨 회장은 서번트 리더십의 요체를 "종업원들이 성장할 수 있도록 봉사하는 것"이라고 설명했다. 종업원들을 단순한 고용자가 아닌 인격체(Total Person)로 존중해 주고 리더로 성장시킨다는 것이다.

그는 "대부분의 기업들은 종업원들을 닦달해 이익을 창출하는 데 혈안이 돼 있지만 우리 회사는 구성원들이 성장하도록 돕는 데 더 많은 힘을 기울인다. 그런 과정에서 회사 이익도 자연스럽게 늘어난다"고 말했다. 회사는 종업원들이 경영진을 신뢰할 수 있도록 분위기를 만들어 준다. 기본은 경영진이 종업원을 믿는 것이다.

TD 인더스트리즈가 서번트 리더십을 도입한 것은 지난 1972년, 현 회장의 아버지이자 회사 설립자인 잭 로웨 시니어 회장이 71년 로버트 그린리프가 쓴 『리더로서의 부하(Servant as leader)』라는 책을 읽고 이를 받아들였다.

• 잭 로웨(Jack Lowe Jr)

잭 로웨 주니어 TD 인더스트리즈 회장은 서번트 리더십을 몸소 실천해 직원들로부터 강한 신뢰를 얻고 있다. 회장용 주차공간을 두지 않고 있으며 전화도 직접 받는다.

기자에게 구경시켜 준 회장실은 보기 민망할 정도였다. 직원들과 같은 층의 사무실에 직원들처럼 칸막이를 한 가로세로 각각 11피트와 6피트짜리 크기의 사무공간이 전부였다.

로웨 회장은 "지난해 경기침체와 9·11테러 여파 속에 무해고 경영방침을 세워 매출과 이익이 줄었다"면서도 "단기적 이익을 좇기 위해 오랜 전통으로 다져진 종업원들과의 신뢰관계를 무너뜨릴 수 없었다"고 말했다.

그는 지난 2000년 경영계의 노벨상으로 평가되는 '올해의 언스트&영'상을 받았다. 서번트 리더십을 통한 신뢰경영의 우수성을 공식적으로 인정받은 것이다.

TD 인더스트리즈는 1946년 설립된 회사로 건물에 전기, 하수도, 발전기 등의 장비를 설치하거나 관련 서비스를 제공하는 일을 하고 있다.

2000년 매출액은 2억 500만 달러. 올해 포춘이 선정한 '일하기 가장 좋은 미국의 백대 기업' 4위에 올랐다. 지난해는 6위였다.

TD 인더스트리즈는 서번트 리더십의 철학에 따라 종업원들로부터 인정받고 존경받는 리더가 되려면 먼저 부하들에게 봉사해야 한다는 점을 강조하고 있다. 리더는 종업원들의 꿈을 키워 주는 역할을 해야 한다는 것이다. TD에서 리더는 절대로 '밀어붙여(Get going)'라고 말해서는 안 된다. 언제나 '함께 밀고 나가자(Let's go)'라고 해야 한다. 종업원들을 아랫사람이 아닌 동등한 파트너로 여기기 때문이다. 서번트 리더십을 통해 경영진과 종업원들, 또 종업원과 종업원들 간에 신뢰를 쌓아 가는 '사람 중심'의 조직문화를 구축한 것이다.

이 같은 신뢰관계는 특히 회사가 위기에 처했을 때 한껏 빛을 발했다. 지난 '89

년 미국 경기침체의 여파로 건설업계에도 불황이 몰아닥쳤다. 회사 설립 후 40여 년 만에 처음 적자를 기록했다. 은행으로부터 자금을 빌리기가 쉽지 않아 급기야 부도 직전까지 몰렸다. 생존을 위해 유일하게 선택할 수 있는 길은 그동안 적립해 온 임직원들의 연금을 활용하는 것이었다.

로웨 회장은 당시 5년 이상 근무 중인 구성원들을 모두 소집했다. 회사의 위기 상황을 조금도 숨김없이 정직하게 설명했다. 이미 투명경영을 통해 잘 알려진 경영상황이었으나 회사가 존망의 기로에 서 있음을 다시 한 번 이해시켰다.

임직원들은 연금을 포기할지를 놓고 밤새 격론을 벌였다. 결국 연금혜택을 포기한다는 데 동의했다. 파트너로 근무해 왔던 회사를 사랑했고 최고경영자를 신뢰했기 때문이라는 게 임직원들의 한결같은 반응이었다. 덕분에 회사는 90년 다시 흑자로 돌아섰고 재정적 위기를 극복하는 데 성공했다. 어쩔 수 없는 인력감축이 없지 않았으나 임직원들은 큰 불만을 보이지 않았다.

이 같은 위기 극복에 대해 로웨 회장은 "서번트 리더십이 형성한 신뢰가 더없이 소중한 자산이었다"고 회고했다. 그는 "회사가 종업원 개개인의 가능성을 믿어 주고 성장시켜 줄 때 최고의 결과를 얻을 수 있다"고 힘줘 말했다.

TD 인더스트리즈는 서번트 리더십 교육을 위해 미국 전역에서 최고의 컨설턴트를 찾아 컨설팅을 받는다. 수백 명의 종업원들이 리더십 프로그램에 참여하고 해마다 종업원들이 콘텐츠를 보완하기도 한다. 중간 간부급 리더들은 종업원들을 얼마만큼 성장시켰느냐로 평가받고 있다. 종업원 성장 여부를 판단하는 데는 고객 만족도, 매출신장률, 안전(부재해), 기획력 등을 기준으로 삼는다.

종업원들을 쪼아대 매출을 늘렸거나 종업원을 리더로 성장시켰지만 매출실적이 나쁠 경우는 좋은 평가를 받지 못한다. 사업적 성과에만 치중함으로 지나치게 종업원들을 혹사시킨 매니저는 재교육 대상이 된다. 재교육 후에도 이런 행동이 개선되지 않으면 좌천되거나 최악일 경우 해고대상 리스트에 오르기도 한다.

다양한 인종의 종업원들을 세심히 배려하는 것도 특징이다. 이 중 하나는 '다이버스티 저니(Diversity Journey)'라는 독특한 시스템, 2개 국어 구사자가 채용인터뷰를 맡는다든지 사내 뉴스레터를 영어와 스페인어로 제작하는 것 등이다. 로웨 회장은 "오는 2005년까지 종업원들의 3분의 1을 유색인종으로 채우겠다"고 공언하기까지 했다. 다양한 인종을 채용할수록 보다 많은 아이디어를 이끌어 낼 수 있다는 판단 때문이다.

경영진과 종업원들의 사내 커뮤니케이션 프로그램도 다채롭다. 월별, 분기별로 모여 매출현황 등의 정보를 공유한다. 급여를 나눠 줄 때는 회사경영 내용이 담긴 미니 뉴스레터가 첨부된다. 로웨 회장은 해마다 10~15명의 종업원을 무작위로 선발해 약 20회의 조찬대화 시간(ERT: Employee Round Table)을 갖는다. 회사의 비전과 운영방침 등을 설명하는 한편 종업원들의 건의사항은 즉시 조치해 주고 있다.

TD 인터스트리즈와 잭 로웨 회장은 서번트 리더십과 신뢰경영으로 GE와 잭 웰치 전 GE회장 못지않은 기업인으로 우뚝 솟아 있다.

**조직모델: 노동부/서울대학교/삼성그룹**

멘토링은 특성상 이벤트성 교육이라기보다는 일정과정 삶을 나누는 과정 중심으로 운영하는 유기적 미팅교회다. 편의상 12개월 멘토링 컨설팅 기간 동안 투자에 대비 성과를 평가하는 조직개발용 멘토링을 노동부, 서울대학교, 삼성그룹 등 3군데 모델과 함께 선보인다.

| 한국 기관을 대표한 노동부 | 한국 대학을 대표한 서울대학교 | 한국 기업을 대표한 삼성그룹 |
| --- | --- | --- |

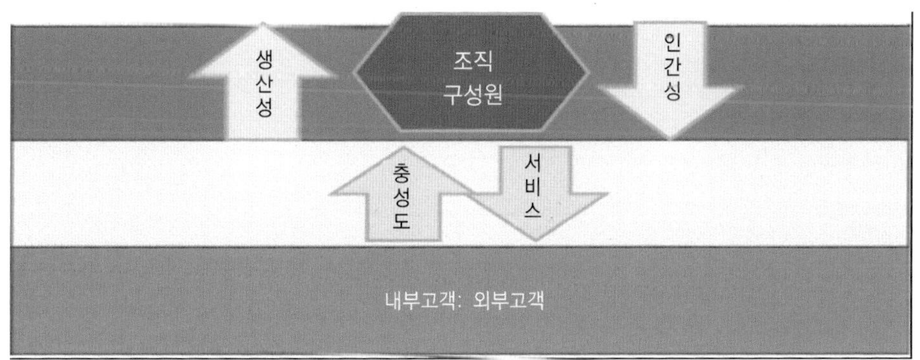

# 5-1. 노동부: 정부기관 멘토링 모델

조직개발 혁신 차원에서 멘토링의 필요성을 인정하고 선진적으로 도입하여 한국에 멘토링 정착에 크게 기여한 ① 한국 정부를 대표하는 노동부, ② 한국교육을 대표하는 서울대학교, ③ 한국기업을 대표하는 삼성그룹 등 3곳을 모델로 선정하여 소개한다.

1. 한국정부기관을 대표하는 노동부

## 1. 멘토링 시스템(Mentoring Project) 추진개요

금번 노동부 혁신기획팀 주관으로 노동업무의 난이도와 직원들의 업무 과중으로 삶의 질이 저하되어 있는 현실을 감안하여 ① 직원들의 역량 개발을 촉진하고, ② 업무 능력을 향상시키며, ③ 부서 내 인재경쟁력을 확보하기 위한 차원에서 멘토링 프로젝트를 도입하게 되었다.

   1) 프로젝트개념 도입: 국내 최초로 정부기관으로서 프로젝트개념 도입

   2) 혁신업무 차원 주제: 혁신 성과 관리단에서 혁신업무 주제로 선정

   3) 부천지청 시범시행: [멘토링 혁신주제]를 제안했던 부천지청 시범시행

   4) 신규직원 8개월 활동: 신규직원을 위한 활동기간을 8개월로 실행

   5) 멘토링코리아 자문: [멘토링코리아]를 전문업체로 선정 위탁

| 지원업무 | 노동부 혁신성과관리단 | 정원호 서기관, 김성진 담당, 유연희 담당 |
|---|---|---|
| 시범시행 | 노동부 부천지청 | 임인주 지청장: 멘토링실행위원장<br>최광휘 관리과장: 멘토링실행 TFTeam장<br>박은경 관리계장: 멘토링프로그램 매니저 |
| 전문자문 | 멘토링코리아 | 류재석 대표, 탁충실 위원<br>한광훈 박사, 김동철 박사 |

| 참가직원<br>차원목표 | 1. 신입직원 멘제의 적응력 향상<br>2. 신입직원 멘제의 업무 조기 숙달화<br>3. 선배직원 멘토의 역량개발 활성화 |
|---|---|
| 부천지청<br>차원목표 | 1. 인재경쟁력 확보<br>2. 대민업무 서비스 향상<br>3. 유기체적인 공동체(상하직원, 부서별) 구축 |
| 본부혁신<br>성과관리<br>목표 | 1. [노동부 지청용 멘토링 실행－매뉴얼] 확보<br>2. 멘토링 확대를 위한 프로그램 관리－전문가 확보<br>3. 바람직한 조직문화 구축 |

## [컨설팅 평가사례]

### ■ 평가사례 1. 정량평가－노동부

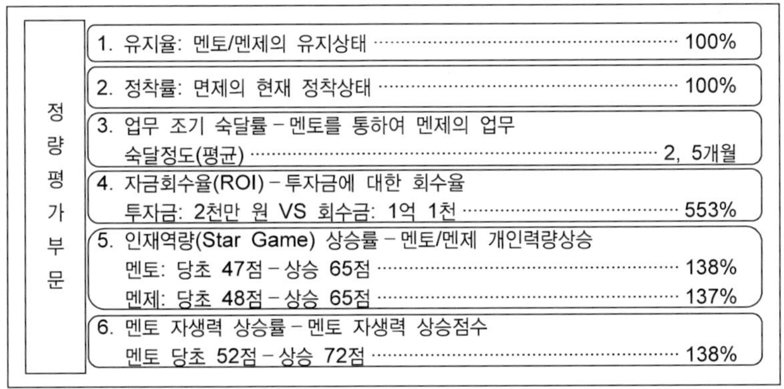



### ■ 평가사례 2. 정성평가－노동부

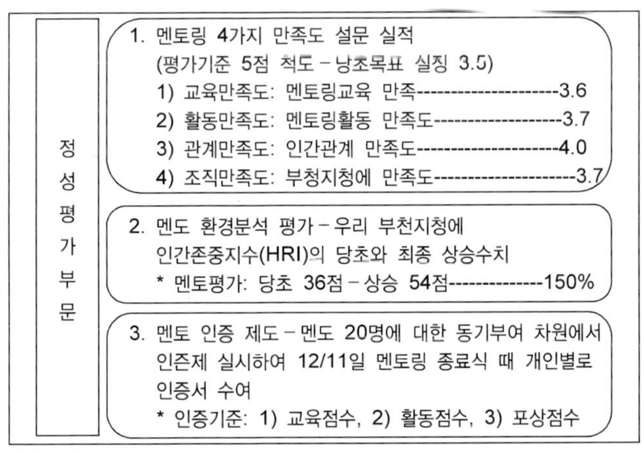

# 5-2. 서울대학교: 대학교 멘토링 모델

| | 2. 한국 대학을 대표하는 서울대학교 |
|---|---|

　요즈음 각 대학마다 두 가지의 어려움을 격고 있다. 하나는 입학정원 확보이며 또 하나는 취업률이다. 특히 전문대학은 입학정원 확보에 어려워 많은 대학이 멘토링 기법을 활용하고 있다. 대학에서 취업률은 전쟁이나 다름이 없다. 이러한 상황으로 대학마다 멘토링을 통해 취업률을 높이고자 한다. 서울대학은 전 정운찬 총장시절부터 현재 이장무 총장까지 다양한 멘토링을 통하여 교육역량개발과 대외 학습지원에 좋은 성과를 올리고 있다.


## [내부 멘토링 활동]

| 대학별 | 도입 | 활동 | 성과 |
|---|---|---|---|
| 경영대학원<br>조동성 교수 | 멘제: 재학생<br>멘토: 동문 | 월 1회 식사하면서 미팅장학금 지급 | |
| 사범대학 | 멘제: 저소득층<br>중고생 300명<br>멘토: 재학생 300명 | 주 2회 학습 및 생활지도 | |
| 인문계열 | 멘제: 학생 5명<br>멘토: 교수 5명 | 1:1로 학생 선정리포트 지도 | |


## [외부 멘토링 활동]

- 멘토링 대상: 멘제-관악구 동작구 소재 저소득층 초·중·고등학생 300명
- 멘토링 참가: 멘토-서울대학교 사범대학 학생 300명
- 멘토링 시행: '06년 4월부터 전국 11개 대학교(주로 사범대학생이 멘토) 참여
  - 1년 후 성과 좋으면 전국 40개 대학으로 확대시행예정
- 멘토링 학습: 주 2회 학습지도(1회 2시간씩)

- 영어, 수학, 과학, 한자 및 기타

- 캠핑, 등산, 영화, 연극

- 진로상담

- 학교생활 도움

- 멘토링 장학: 1시간당 20,000원, 월 320,000원

- 멘토링 학점: 2학기부터 사회봉사활동으로 1학점

- 멘토링 장소: 구민회관, 자치센터 공부방이나 학생의 집

- 멘토링 주관: 최초로 서울대, 교육부, 해당교육청, 해당 구청 등 협약 체결했음

# 5-3. 삼성그룹: 기업 멘토링 모델

 3. 한국기업을 대표하는 삼성그룹

삼성그룹은 2002년까지 세계 제품제일에서 2003년부터 인재제일로 바꾸면서 미국 GE그룹의 멘토링 시스템을 도입하여 그룹 본부는 임원 멘토링 그리고 각 계열사별로 형편에 맞게 도입하고 있다.

1) 신규직원 적응력 향상

2) 업무 OJT와 병행 프로그램

3) 핵심임원 인재 역량개발

4) 여직원 개발

- 멘토 선정기준: 인사부서와 신입사원의 부서장이 검토하여 결정, 결연 시 책임감을 부여하여 멘토링을 촉진한다.

- 인격: 신뢰가 가고 대인관계가 원만한 사람

- 업무: 일정 수준 이상의 업무 성과 멘제의 코치

－애사: 조직에 대한 로열티와 자기희생 솔선수범 의지

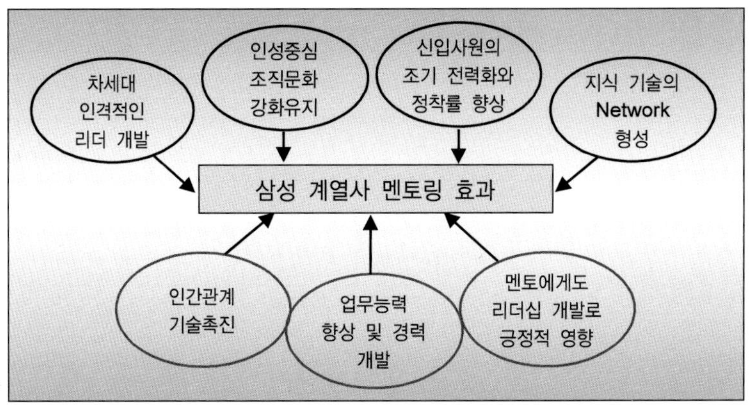

# 제 2 부
# 멘토링 인간가치 개발 프로그램

제2부에서는 인격부문에서 전문역량개발부문을 보완하는 과정으로 인간의 정체성(Identity) 확립과 특히 자정(自淨)경영을 위하여 인간 개발의 5가지 핵심가치(Core Worth)를 소개했다. 멘토링의 인간 본질에 관한 개념정리를 분명히 하고 한편 그 순수성을 유지하면서 멘토링 기법을 통하여 자기 개발과 조직의 인재경쟁력을 강화 전략으로 삼기 위함이다.

핵심가지 5가지 역량개발은 상호 간 인성(Humanity) 존중 바탕 위에 멘토와 멘제가 신뢰와 존경관계(Relation)를 유지하면서 리더(leader)로 성장하는 것이다. 각 조직은 성장한 리더가 혁신(Innovation)을 유도하고 성과(Performance)를 도출하는 균형경영과 조직 구성원의 인간개발 혁신전략이다.

특히 5가지 주제에 맞게 멘토링 활동사례 모델로 바둑 이창호, 수영 박태환, 링컨 대통령, 드라마 대장금, 음악 신현수를 소개하여 인간가치 개발 멘토링 효과성의 본보기로 삼았다.

# 제1장
# 인성(Humanity)가치 개발

## 1-1. 멘토링 인격의 기원

멘토링에서 인격(人格, Personality)의 기원은 최초 멘토가 텔레마쿠스 왕자를 20년간 교재로 사용한 수학(知-상징)·철학(情-상징)·논리학(意-상징)에서 기인하며 오늘날도 역시 멘토링 프로그램의 내용(Contents)은 지·정·의를 상징하는 즉 인격이다.

* 人格(인격) = 知(지)·情(정)·意(의)

## 1-2. 멘토링 인격의 위치

멘토링의 핵심가치는 전인석인 인격을 기본 분모로 나미지 4기지는 인격을 공통 주제로 기능적인 분자 역할로서 시너지 상태다.

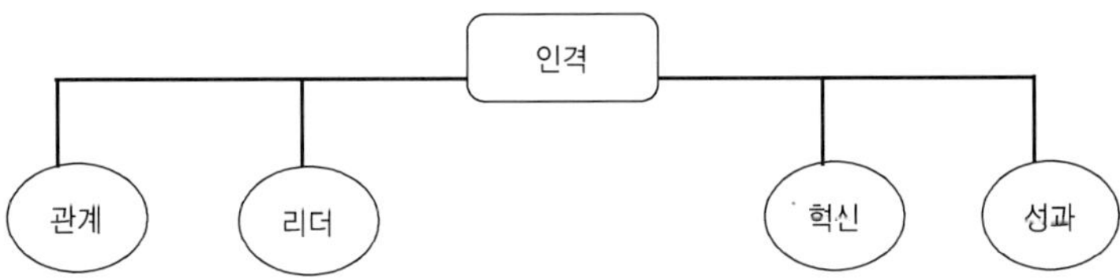

# 1-3. 인격의 실행프로그램

멘토링에서 인격의 실행 프로그램은 Star Game으로 개인의 인재개발지수(PDI) 진단도구로 활용하고 있다.

| 인격 서비스 | 세 부 분 류 | Stargame 적용 부분 |
|---|---|---|
| 지적(知的) 서비스 | 지식, 기술, 정보 등 | Hightech – 지식 |
| 정적(情的) 서비스 | 포용력, 기대와 칭찬, 헌신봉사 | Hightouch – 마음<br>Highhealth – 건강<br>Highrelation – 관계 |
| 의적(意的) 서비스 | 의지력, 절제력, 판단력(선과 악) | Highcontrol – 관리 |

# 1-4. 인재 가치관

1) 최고 – 인간은 만물의 영장이다.

팡세 – 우주보다 우수(명상록 N0.347)

성경 – 하나님의 형상으로 창조(창 1:27)

2) 보석 – 인간은 삼위일체 사랑으로 탄생했다.

아버지 – 정자

어머니 – 난자

창조주 – 영혼

3) 승리 – 인간은 잠재역량 개발로 승리할 수 있다.

5% – 보통사람

10% – 노벨 수상자

15% – 에디슨

# 1-5. 인격 진단도구

□ 인격가치 개발은 멘토링 활동기간에 현재 자기의 인격지수를 진단하여 상호 간 고품격의 인격 개발로 업그레이드하고자 한 것이 목적이다.

□ 절대평가로 타인과 비교할 필요 없이 자기의 삶의 현장에서의 습관과 행동을 그대로 표시하면 된다.

□ 다음의 각 설문이 당신의 경우에 얼마나 해당되는지 아래 점수를 기록하되 설문 한 개당 5점, 4점, 2점, 1점, 0점으로 한다.

| 주제 | 번호 | 진단설문도구 | 점수 |
|---|---|---|---|
| 마음<br>지수 | 1 | 나는 타인을 위해 넓게 포용력을 발휘하는 편이다. | |
| | 2 | 나는 이웃을 위해 구체적으로 헌신 봉사한 사례가 있다. | |
| | 3 | 나는 다른 사람과 다툼이 있을 때 먼저 화해를 청한다. | |
| | 4 | 나는 타인을 책망하기보다는 칭찬을 더 많이 해 주는 편이다. | |
| 지식<br>지수 | 5 | 내가 소지한 자격증이나 노하우를 활용하고 있다. | |
| | 6 | 내가 취득한 기술이나 정보를 제대로 활용하고 있다. | |
| | 7 | 나의 IT(정보기술-컴퓨터 인터넷 등) 실력은 수준급이다. | |
| | 8 | 나의 외국어실력은 외국인과 의사소통을 잘하고 있다. | |
| 건강<br>지수 | 9 | 나는 정기적으로 건강을 위해 운동을 한다. | |
| | 10 | 나는 건강에 유의하면서 음식을 가려 섭취한다. | |
| | 11 | 나는 정신 수양을 위해 명상의 시간을 갖는다. | |
| | 12 | 나는 스트레스를 받으면 바로 풀려고 노력한다. | |
| 관계<br>지수 | 13 | 나는 직장에서 구성원과 인간관계가 좋은 편이다 | |
| | 14 | 나는 가정에서 식구들과 대화를 잘하는 편이다. | |
| | 15 | 나는 사회에서 학회나 전문인 모임에서 교제를 넓히고 있다 | |
| | 16 | 나는 사회 건전 단체나 봉사 기관에 참석하고 있다. | |
| 관리<br>지수 | 17 | 나는 윤리의식에서 선(善)과 악(惡)을 판단하여 행동한다. | |
| | 18 | 나는 혈기(血氣), 식욕(食慾), 성욕(性慾) 등에 절제력이 있다. | |
| | 19 | 나는 생애 목표로 시간(時間)과 자금 계획을 세우고 있다. | |
| | 20 | 나는 승진 등 리더십 개발을 위한 계획을 갖고 있다. | |
| 합 계 | 탁월(81~100), 우수(61~80), 보통(41~60), 부족(21~40), 미달(1~20) | | |

## 1-6. Star Game Chart

Star Game 측정표에서 5가지 주제별로 각 지수(점수)를 먼저 확인하고서 다음 단계로 들어간다. 아래 별을 보면 각 꼭지별로 10칸씩 나눠 있음을 발견할 것이다.

그러면 각 지수별의 만점은 한 꼭지당 20점임으로 한 칸에 2점씩 배점하여 실득점 수를 가지고 큰 별 속에서 작은 별(실제득점지수)을 그리면 멘토와 멘제의 별(Star)이 시각화(視覺化)된다.

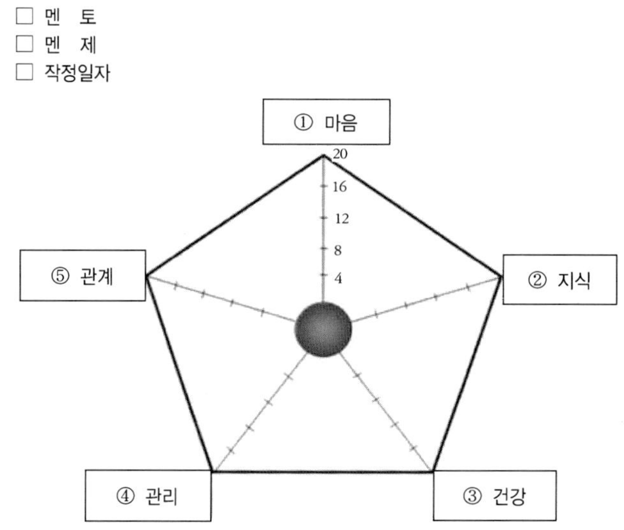


## 1-7. 조직목표 실천 카드

조직목표 달성을 위한 Brain Game Idea 중에서 매니저 모니터 멘토가 멘토링 활동기간에 시행 가능한 사항을 주제별 아이디어 중에서 5가지 이내로 선택한다.

반드시 주제에 맞게 그리고 육하원칙으로 작성해야 한다. 주제 P-12을 P-5로 줄였으므로 수강자의 형편에 따라 주제 선택이 가능하다.

☐ 멘토(Mentor):                               인
☐ 모니터(Monitor):                            인
☐ 매니저(Manager):                            인
☐ 소속

|  | Mentor 카드(  )　　　　　Monito 카드(  )　　　　　Manager 카드(  ) |
| :---: | :---: |
| 주제별 | 실 천 사 항 |
| P-1 | 1.<br>2.<br>3.<br>4.<br>5. |
| P-2 | 1.<br>2.<br>3.<br>4.<br>5. |
| P-3 | 1.<br>2.<br>3.<br>4.<br>5. |
| P-4 | 1.<br>2.<br>3.<br>4.<br>5. |
| P-5 | 1.<br>2.<br>3.<br>4.<br>5. |

＊ P 표시는 조직에서 멘토링 활동 12가지 목표를 말하고 Project를 의미함


# 1-8. 삼양그룹 멘토링 사례

## 1. 삼양그룹 멘토링 시스템

삼양그룹 멘토링 시스템은 신입사원의 조직 내 조기정착, 안정된 생활유도 및 직무역량 향상을 목적으로 2002년 1월 공채 대졸 신입사원을 대상으로 2002년 7

월에 1기 멘토링을 처음 시작하였다.

최초 멘토링의 형태는 1단계 안정된 생활유도라는 테마로 6개월을 운영하고, 2단계는 1단계 테마에 직무역량 향상이라는 테마를 더하여 12개월을 운영, 총 18개월로 운영하여 2003년 12월 31일 부로 종료하였으나 2003년 신입사원 대상의 2기 멘토링의 경우 멘토링 운영효율을 고려 2단계를 6개월로 축소하여 현재 1단계 멘토링 종료 후 2단계 멘토링을 운영 중이며 2004년 6월부 종료 예정이다.

멘토링의 주체는 스승이자 선배로서의 멘토(Mentor)와 제자이며 후배사원인 멘제(Menger), 제도의 지원 및 모니터링을 담당하는 모니터(Monitor) 3M으로 구성된다. 해당 멘토/멘제의 선정방법은 삼양사 핵심인재 Pool 중에서 행동규범이 바르고 리더십을 소유한 자, 해당 멘제와 10년 차 미만인 자 중에서 최종 CEO 승인을 받은 자가 Mentor Pool에 선정되며 멘토양성교육을 이수한 후 멘토/멘제 각각의 성격유형진단을 통해 최종 커플로 맺어지게 되는데 여기에서 특이한 점은 같은 BU(Business Unit), 같은 팀 내 선후배 간과 이성 간에는 커플로 맺어 주지 않는다는 점과 같은 사업장 근무지 내 선후배끼리 매칭시켜 줘야 한다는 것이다.

이유는 같은 조직 내에 있는 선후배 간은 아무래도 서로 간 자신의 속내를 보여 주는 솔직한 멘토링 활동이 어렵다는 점과 이성 간은 아무래도 동성 간보다는 쉽게 친화되기 어렵다는 점, 그리고 아무리 나머지 여타 조건이 적합하더라도 쉽게 만날 수 있는 공간적 여건이 확보되지 않는다면 원활한 멘토링 활동을 기대할 수 없다는 점 때문이다.

멘토양성과정이 종료되면 이어서 바로 멘토링 발대식을 가지게 된다. 발대식은 CEO가 직접 주관하게 되는데 CEO 앞에서 멘토/멘제 대표의 멘토링 활동을 열심히 하겠다는 의지의 선서 후 CEO 격려사가 이어지고 확정된 커플과 CEO와 같이 커플사진 및 전체 멘토링 Pool과 CEO가 함께 단체사진을 찍게 된다. 사진은 현상되어 액자와 함께 전체에게 나누어지며 멘토/멘제진은 책상 위에 가족사진과 함께 나란히 액자사진을 놓도록 권유한다.

여기서 주목할 수 있는 사실은 조직 내 신규제도, 특히 멘토링과 같은 제도는 무엇보다도 경영진의 철저한 Commitment가 전제되어야만 가능하다는 것이다. 삼양사 CEO인 김원 사장의 경우 멘토링 발대식 시 젊은 날 본인에게 인생의 방향성을 제시해 준『경영자는 이렇게 공부하라』(미야자키 가가야키 지음)라는 책을 직접 나눠 줌으로써 삼양사 멘토링 제도의 직접적인 Sponsor임은 물론 Super Mentor로서의 면모를 보여 주고 있다.

그럼 지금부터 본격적으로 멘토링 활동방법을 소개하면 멘토링 실시 전 먼저 멘토/멘제 상호 간 세부적인 신상명세를 공유하여 서로를 인식한 뒤 5가지 지수를 도출하는데 5가지 지수(5index)란 마음, 지식, 건강, 자기관리, 인간관계 5가지 항목에 대한 진단을 통해 멘토/멘제 상호 간에 취약한 부분이 무엇인지를 파악하여 상호 간 공동의 지수향상관련 테마를 수립해 나가게 된다. 상호 간의 공동테마를 수립하지만 멘제의 취약 부분에 대한 지수향상이 주목적이라고 할 수 있다. 테마가 수립되면 테마 수행계획서를 각 단계 멘토링 시행 전마다 모니터에게 제출하게 되고 분기마다 주요 활동내용에 대한 실시보고서를 제출한다.

1단계 6개월간 멘토링 활동을 한 후 모니터가 주관하는 멘토링 Follow up 프로그램이 대전 연수원에서 진행되는데 주요 교육내용은 1단계 멘토링 기간 동안 진행된 실제 멘토링 내용을 제출한 보고서 내용 중심으로 모든 참석자와 함께 공유하고 앞으로의 계획에 대해 발표함으로써 차기 멘토링 활동에 대한 자기 다짐의 시간을 갖는다.

또한 모니터는 그동안 모니터링을 통한 멘토링 제도 운영상의 문제점 및 협조 요망사항을 공유하게 되는데 특히 멘토 입장에서 요구하는 크게 세 가지 측면에서의 이슈를 다루게 된다.

첫째는 멘토링 제도를 실시/운영하는 인력개발팀에 바라는 제도변환 및 개선에 대한 측면과 둘째는 인력을 기획하는 HR 팀에 바라는 인력운용적인 측면, 셋째는 실제 해당 멘제가 소속된 팀장에게 바라는 멘토로서의 요망사항 등 세 가지이다.

이러한 세 가지 측면에서 모니터링된 사항 중 공통된 문제의 경우 인력개발팀에서 취합하여, 멘토링 커플 전체와 공유하는 시간을 갖고, 특정 멘제가 직면한 문제 및 갈등의 경우 HR팀과 멘제 소속팀장에게 직접 건의하여, 문제가 심화되기 전 사전조정 단계를 거치게 된다. 실제 이직 직전에 있던 멘제를 이러한 모니터링을 통하여 해결한 사례가 있다.

마지막으로 Follow up에서 다루어져야 될 중요한 교육부분 중 하나는 멘토/멘제가 서로 신뢰하고 화합할 수 있는 장을 만들어 주는 것이다. 실제 멘토/멘제들의 근속연차가 현업업무를 가장 많이 수행하는 팀 내 실무 역할을 많이 수행하기 때문에 실제 face to face의 활동이 여의치 못한 경우가 많다. 실제 모니터링을 위한 설문을 진행해 봐도 이러한 Follow up을 이용한 화합 프로그램을 멘토/멘제 양자 모두 동일하게 요구하고 있다.

이러한 맥락에서 진행되는 프로그램은 등산, 볼링, 감성훈련 등 다양한데 현실적 여건을 고려해 선별 진행한다.

1단계 Follow up이 종료된 시점부터 본격적인 2단계 멘토링이 시작되는데 서두에서 밝힌 바와 같이 1단계 안정된 생활유도 및 조직 내 조기정착이라는 주제를 넘어서 실제 멘제가 현업에서 업무를 수행하는 능력, 즉 직무역량까지 멘토가 향상시켜 주도록 유도하고 있다. 멘토/멘제의 소속이 틀린 관계로 정확한 직무 대비 Skill & Knowledge를 멘토가 지도하기는 곤란하나 능력 있는 선배사원으로서 직무를 다루는 노하우에 대한 전수는 가능하다는 판단에서 더해진 테마이며 실제 상호 간 다른 직무에 대해 관심을 가지면서 새로운 업무를 알게 되는 효과와 선배사원의 적극적인 노하우 전수가 활성화되고 있다.

2단계 멘토링 역시 1단계보다 업그레이드 수정된 커플별 테마 대비 계획을 수립하여 사전제출하고 1단계와 동일한 방법으로 멘토링 활동을 하게 된다.

2단계 멘토링 6개월이 최종 종료하게 됨으로써 공식적인 모든 멘토링은 종료하게 되고 멘토링 종료식을 정식으로 가지게 된다. 종료식 역시 발대식과 마찬가지로 CEO가 직접 주관하게 되는데 전체적인 내용은 발대식과 유사하나 다른 점은 종료식의 경우 멘토링 2단계 전체적인 평가를 하여 우수자에 대한 포상 및 우수사례 발표가 진행된다는 점이다.

1, 2단계 멘토링이 진행되는 동안 모니터는 평가 및 모니터링만을 수행하는 것이 아니라 실질적인 멘토링 활동이 가능하도록 지원해 주는 역할이 사실상 더 중요하며 실제 그렇게 해야지만 성공적인 멘토링이 가능하다. 삼양사 모니터의 경

우 매달 커플당 10만 원의 멘토링 지원금을 제공함으로써 멘토링 활동을 통해서 발생되는 비용에 대해 직접 지원을 하고 있고 매달 15일을 원칙으로 '멘토링데이'를 실시하여 해당 멘토링 커플 및 멘토/멘제 소속팀장에게 업무 연락을 송부, 멘토링데이 오후는 사내 업무시간 중이라도 멘토/멘제가 서로 만나서 관련 활동을 할 수 있도록 배려를 요청하는 등의 간접 지원을 하고 있다(매달 15일 원칙을 고수하는 이유는 스승의 날 5월 15일에서 기인한 것이다).

실제 모니터링을 해 보면 멘토/멘제 스스로는 동기부여가 높아 활동에 적극적이고자 하나 소속 팀장들의 마인드가 아직 변하지 않아 활동상의 어려움이 있다고 조사된다. 따라서 모니터는 이러한 팀장들의 마인드를 변화시켜 나가는 것도 중요한 모니터로서의 역할 중 하나라고 볼 수 있다.

전체적인 멘토링 단계별 활동내용이나 방법에 대한 설명은 이것으로 마치고 멘토링 제도의 평가분석 및 사후관리는 어떻게 진행되는지 설명하겠다.

## 2. 평가분석 및 사후관리

멘토링의 평가는 월 단위 평가와 최종평가로 나누어진다. 월 단위평가는 월 단위 멘토링 활동을 모니터에 의해 수시 진행되는데 전화 및 인터뷰를 통해서 진행되는 직접평가와 멘토링 활성화 시스템이자 모니터링 시스템인 '멘토링 홈페이지'를 통해 진행되는 간접평가로 나누어 볼 수 있다.

삼양사 멘토링 홈페이지는 그게 세 가지 기능을 가지고 있는데 첫째는 전반적인 멘토링 주요 내용 및 활동스킬, 관련지식 등 멘토링 관련 Source 제공기능과 멘토/멘제 간의 게시판을 이용한 on-line 활동기능, 정기 보고서 제출의 업로드 기능이다. 평가를 목적으로 한다기보다는 다른 멘토링 커플의 활동 내용상의 노하우를 공유시키는 목적이 더 강하기 때문에 모니터 입장에서는 멘토링 활성화와 평가업무의 용이성, 이 두 마리 토끼를 동시에 잡을 수 있는 장점이 있어서 이 글을 읽는 기업의 멘토링 관련 담당자는 꼭 한번 반영을 권유하고 싶다.

평가가 평가만으로 끝나는 것이 아니라 이러한 월 단위 평가를 통해서 제일 우수하다고 판단되는 커플에게는 '이달의 멘토링 챔피언'이라는 포상을 실시하게 되는데 해당 커플에게는 문화상품권 10만 원을 제공하고 있으며 만약 일정 기준 이상의 우수커플이 선정되지 않을 시 상대적으로 우수한 커플에게 시상하는 것이 아니라 아예 포상커플을 선정하지 않음으로써 평가 및 활동 자체에 대한 위상을 저하시키지 않으려 하고 있다. 포상금의 경우 현금이 아닌 문화상품권을 제공함으로써 멘토/멘제가 멘토링 활동과 관련된 직접적인 목적으로 쓰이게끔 유도하는 것도 중요한 일이다.

최종 평가는 2단계 멘토링까지 완전 종료된 후 멘토링 종료식 전 실시하게 되는데 총 1차, 2차 심사를 통해서 최우수 1커플, 우수 2커플 총 세 커플의 우수커플을 선정하게 된다. 1차 심사는 월 멘토링 챔피언 수상커플 및 멘토링 홈페이지상 업로드된 정기보고서를 심사하여 주관팀인 모니터에서 1차 대상 Pool을 선발하고 2차 심사는 1차 대상 Pool이 제출하는 최종 보고자료를 심사하여 경영지원실장이 확정하게 된다.

2차 심사항목은 다음 표와 같다.


**[최종 멘토링 평가 항목]**

| | | 세 부 내 용 |
|---|---|---|
| 평가요소 | 배점최종<br>평가 60 | ■ 평가방법: 멘토링 활동 관련 평가<br>　▶ 평가내용:<br>　　단계별 멘토 활동계획(테마) 대비 실시사항<br>　▶ 주요내용: 멘토링을 통한 멘제 갈등 해결사례<br>　　－멘제의 조직 내 정착 정도 (업무적·인간관계적인 부분 등)<br>　　－멘토/멘제 각각 멘토링 실시 후 [스타게임-5index] 변환내용 |
| | 월 단위<br>평가 20 | ■ 평가방법: 활동기간 중 on/off Line상 활동 평가<br>　▶ 평가내용: 월 멘토링 챔피언 수상 여부 |


Menger 평가(20) – 최종평가 20

■ **평가방법:** 최종 멘토링 보고서 평가

■ 평가내용: '나의 멘토링 아이디어' 내용의 참신성 우수커플은 상패와 함께 포상금을 지급받으며 멘토 해당 소속팀장에게 차기 역량평가 시 반영토록 협조

업무연락을 취하게 되며 우수사례의 경우 사내에서 적극 홍보하게 된다.

## 3. 앞으로의 계획

2004년 신입사원 대상의 3기 멘토링이 7월에 kickoff 될 예정이다. 2기에 걸친 우수사례 확보 및 멘토/멘제들을 대상으로 진행해 온 모니터링 결과를 토대로 좀 더 삼양사의 현실에 맞는 신입사원 육성제도의 일환으로서의 멘토링을 안정화 및 발전시켜 나갈 예정인데 그 일환으로 멘토 자격을 삼양사 내 유능한 인재라면 반드시 가지고 있어야만 하는 선수 자격화시키는 방안과 멘토링과 관련된 실질적인 인센티브도 더욱 강화해 나갈 생각이다. 또한 멘토링을 단순한 신입사원 육성책만이 아닌 현 팀장 중 임원으로 승계를 하기 위한 후계자 육성 멘토링(멘토: 임원, 멘제: 해당팀장)과 임원의 사업 내 전략실행을 지원할 수 있는 역멘토링(Reverse Mentoring)도 계획하고 있다.

## 4. 제1기 멘토와 멘제의 소감

### 1) 멘토 이동준(EP개발팀 과장)

■ 멘토링 제도의 장점

① 멘제뿐만 아니라 멘토 자신의 발전도 꾀할 수 있어 상호 간 윈 윈 효과가 있다.

② 신입사원들(멘세)의 조직 직응력을 높일 수 있으며 멘토에게는 회사 생활을 다시 돌아보게 하는 계기가 되어 향후 즐거운 회사생활을 할 수 있도록 도와준다.

③ 동일한 취미 생활을 통해 건강 증진을 도모할 수 있으며 상호 인적 네트워크 교류로 사내인 간 관계를 제고할 수 있다.

④ 서로에게 부족한 점을 보충할 수 있으며 공통관심 분야에 대해 학습함으로써 지식을 넓혀 나갈 수 있다.

⑤ 멘제의 회사 적응력 향상뿐만 아니라 미래의 멘토로 육성할 수 있다.


■ 아쉬운 점 및 개선점

① 멘토와 멘제의 소속 팀장들이 멘토링 제도의 중요성을 인지하지 못해 멘토링데이와 같은 정규 일정까지 소화하지 못하고 있다(소속팀장도 동참할 수 있는 멘토링이었으면 함)

② 매달 멘토링데이가 지정되어 있지만 실제로 운영되는 경우는 거의 없다. 업무 중에 멘토링 활동을 하기 힘들다면 꼭 한 달에 한 번이 아니라 3개원에 한 번 정도 인력개발팀 주관으로 저녁 또는 점심식사라도 하면서 멘토링 활동에 대한 의견을 교환할 수 있는 시간이 마련되었다면 훌륭한 멘토링이 될 수 있을 것이다.

③ 멘토링 기간이 끝난 이후에도 멘토와 멘제 관계를 유지할 수 있도록 인력개발팀에서 지원과 지속적인 관심을 유지해 주었으면 한다.

④ 사전 아무 준비·지식 없이 멘토링을 대하다 보니 효율적으로 멘제에게 도움을 줄 수가 없어 초기에는 멘토 자신조차 혼란을 겪었다. 사전에 멘토 풀을 선정해 매년 그 대상자들을 상대로 멘토 육성 교육을 실시하는 것이 바람직한 것으로 보인다.


■ 최종소감

멘제(윤경수 씨)의 경우 소심하고 내성적인 성격을 가지고 있어 처음에는 선배들에 대하여 조금 두려운 마음이 있었던 것 같다. 그러나 멘토 역시 문제는 없지 않았다. 시작은 거창하지만 마무리가 잘 되지 않는 멘토의 성격과 멘제의 성격은 '불완전과 불안전의 마음으로 인한 완전'을 이루었다고 평가하고 싶다. 다른 무엇보다 사람을 알고 사람을 사귀게 된 유용한 계기가 되었다고 생각한다.

부족한 점은 술자리를 활용한 편안한 대화나 시간을 마련하지 못했던 점이 아쉬움으로 남는다. 멘토링 종료 이후에도 계속적인 만남을 통해 멘제-멘토가 아닌 멘토-멘제의 상생의 관계를 이어 나가고 싶다.

2) 멘제 윤경수(식품기획팀)

■ 좋았던 점

멘토링을 통해 가장 유익했던 점은 멘토를 떠나 한 분의 선배님을 알게 된 점이다. 더 나아가 많은 분들과 다양한 분야를 알게 되어 멘제 자신의 내적 발전을 향상시킬 수 있었다. 또한 업무 이외의 부분, 즉 상사와 동료를 대하는 태도를 배울 수 있었으며 원활한 인간관계 유지 방법도 배울 수 있었던 기회였다. 무엇보다 멘토링을 통해 조직에 보다 빨리 적응할 수 있었으며 자신을 돌아볼 수 있는 계기가 되었다. 그리고 지식 함량이나 취미 활동 개발, 운동을 통한 내외적으로 발전을 이룰 수 있어 소중한 시간이었다.

■ 아쉬운 점

멘토의 경우 영업직에 있다 보니 내근직이었던 멘제와의 멘토링 활동시간이 부족했던 점이 조금은 아쉬웠다. 주로 저녁시간과 주말, 휴일을 이용하여 멘토링 활동을 하였으나 향후 멘토링데이를 적극 활용, 활발한 멘토링 활동을 할 수 있었으면 한다.

■ 멘토링 아이디어
'지식·건강·교양 아우르는 멘토링'
① 업무 관련지식과 어학 관련지식 두 가지를 선정하여 멘토링 기간 동안 멘토와 멘제 모두 지식을 함양한다.
② 주말마다 함께 즐길 수 있는 운동 한 가지를 선성하어 길이 운동을 즐기되 여기에 더하여 가족들도 함께 할 수 있는 운동으로 정한다.
③ 멘토와 멘제 소속팀들 간의 행사(등산 등)를 기획하여 멘토링 제도의 필요성을 각 소속 팀장들이 충분히 이해할 수 있도록 한다.
④ 정기적으로 타 멘토와 멘제와 모임을 개최하여 자신들의 멘토링 활동을 발표하고 좋은 점은 벤치마킹하여 보다 성공적인 멘토링 활동이 될 수 있게 유도한다.

⑤ 지원사항은 과거 성공적인 멘토링 활동을 피드백해 주고 타 커플에게 모범이 되는 멘토와 멘제 커플을 선정하여 특별 보상금을 지원한다(포상 및 인센티브 - 최종 종료 후 최우수 커플 선정, 해외 연수의 기회를 제공한다).

<글: 멘토링담당 김정법 과장>

# 제2장
# 관계(Relation)가치 개발

## 2-1. 멘토링 관계의 정의

멘토링에서 관계(關係, Relation)는 인격을 기본으로 인간 간 수평적인(Person to Person) 관계를 의미한다.

* 여기에서 관계는 외형적이거나 계급 등 신분적이 아니라 평등한 인격적인 관계다.
* 하나님과 인간 관계, * 부모와 자녀 관계, * 부부 관계 등은 멘토링보다 더 깊고 높은 관계(High Quality)이며 수직적인, 또한 부부일체적인 면에서 멘토링과 비교할 수 없다.

## 2-2. 멘토링 관계의 보완

인간관계 형성은 인간의 본능이다. 그래서 역사 이래로 멘토링은 지속되어 왔고 오늘날도, 그리고 미래에도 인류가 존속하는 한 멘토링 관계는 지속될 것입니다. 전통적인 멘토링에서는 프로그램 없이 위대한 멘토의 리드(Lead)에 의하여 멘토링 성공 사례는 수도 없이 많다.

그러나 오늘날 조직의 멘토링 관계는 위대한 멘토를 찾기가 그리 쉽지 않기 때문에 인위적·계획적으로 멘토/멘제를 선정하여 모니터링시스템(Monitoring System)에 의하여 진행하고 있는데 이를 제도적 멘토링(Systematic Mentoring)이라고 부른다.


## 2-3. 올바른 관계 형태

멘토링 관계의 상호 간은 멘토와 멘제다. 많은 사람이 멘토링을 1:1이 전부인 양 생각하나 그것은 선입견이다. 멘토링의 가장 올바른 관계형태는 멘제 1에 멘토가 다수(전문별로 멘토 1, 멘토 2, 멘토 3 ……)로 도움을 주는 형태다. 바로 왕자 한 사람을 왕의 왕사(王師) 여러 사람이 도움을 주는 형태가 멘토링 관계에서 가장 올바른 형태이기 때문이다.

- 관계형태 1: 멘제 1 대 멘토 다수-고품질의 멘토링(High Quality)
- 관계형태 2: 멘제 1 대 멘토 1-일반적인 멘토링
- 관계형태 3: 멘제 다수 대 멘토 1-저품질의 멘토링(Low Quality)
  * 형태 3의 경우는 멘토링이기보다는 코칭이나 팀장제도에 가까운 형태다.


## 2-4. 관계(Relation) 진단도구

☐ 이 설문 항목은 4가지 성격유형에서 강점 10개와 약점 7개를 선별할 수 있다.

☐ 가능한 한 4개 한 묶음에서 나에게 가장 거부감이 적은 1개씩을 선택하라.

☐ 그러므로 전체 68항목 중에 17개만 번호에 O표 하면 된다.

| No | 설 문 항 목 | No | 설 문 항 목 |
|---|---|---|---|
| 1 | 행동이 적극적이다 | 37 | 개방적, 쾌락적인 일을 좋아한다 |
| 2 | 협력적이다 | 38 | 상대방의 기분을 이해한다 |
| 3 | 효율적이다, 능률적이다 | 39 | 스스로 움직인다 |
| 4 | 근면하다 | 40 | 분석력이 뛰어나다 |
| 5 | 매사에 열중한다 | 41 | 본제에서 벗어난다 |
| 6 | 가까이하기 쉽고, 친하기 쉽다 | 42 | 결단이 느리다 |
| 7 | 열심히 일한다 | 43 | 남에 대한 배려가 부족하다 |
| 8 | 매사를 면밀히 추진한다 | 44 | 유연성이 결여되어 있다 |
| 9 | 활기가 넘친다 | 45 | 시간관념이 희박하다 |
| 10 | 사교술이 능숙하다 | 46 | 자기주장이 적다 |
| 11 | 행동이 민첩하고 신속하다 | 47 | 억지를 부린다 |
| 12 | 논리적 · 체계적이다 | 48 | 결단을 내리는 데 시간이 걸린다 |
| 13 | 대인관계에 능숙하다 | 49 | 감정에 좌우된다 |
| 14 | 코치나 상담에 능숙하다 | 50 | 일에 대한 관심이 희박하다 |
| 15 | 책임감이 강하다 | 51 | 말투가 억세다 |
| 16 | 질을 중시한다 | 52 | 박력이 부족하다 |
| 17 | 상대방을 몰두하게 한다 | 53 | 기분이 변하기 쉽다(싫증나기 쉽다) |
| 18 | 온화하다 | 54 | 남의 일에 너무 신경을 쓴다 |
| 19 | 늘 성과(결과)를 중시한다 | 55 | 지나치게 자기중심적이다 |
| 20 | 문제 발견에 흥미를 느낀다 | 56 | 혼자 일을 한다 |
| 21 | 영감(inspiration)을 중요시한다 | 57 | 정리, 정돈이 서툴다 |
| 22 | 개인적인 정보에 강하다 | 58 | 비약이나 모험을 노리지 않는다 |
| 23 | 도중에 포기하지 않는다 | 59 | 안색, 목소리, 표정이 빈약하다 |
| 24 | 사실을 중시한다 | 60 | 표정이 없는 편이다 |
| 25 | 비약에 목표를 둔다[大志] | 61 | 차근차근 책읽기를 싫어한다 |
| 26 | 소집단 활동을 즐긴다 | 62 | 신속하지 못하다 |
| 27 | 시간에 정확하다 | 63 | 무리한 목표라도 도전한다 |
| 28 | 지식, 정보를 수집한다 | 64 | 보수적(비약하려 하지 않는다)이다 |
| 29 | 민감하게 반응한다 | 65 | 논리적으로 생각하기를 싫어한다 |
| 30 | 긴장을 풀어 준다 | 66 | 주저하기 쉽다 |
| 31 | 간결하고 낭비가 적다 | 67 | 냉담하다 |
| 32 | 일을 제대로 처리한다 | 68 | 사교성이 결여되어 있다 |
| 33 | 미래 지향적이다 | | |
| 34 | 분위기 조성을 잘한다 | | |
| 35 | 열정적이다 | | |
| 36 | 자기 관리를 할 수 있다 | | |

## [4가지 성격유형 분석표]

| Dominating Style(주도형) | Facilitating Style(우호형) |
|---|---|
| 1, 5, 9, 13, 17, 21, 25, 29, 33, 37, 41, 45, 49, 53, 57, 61, 65 | 2, 6, 10, 14, 18, 22, 26, 30, 34,38, 42, 46, 50, 54, 58, 62, 66 |

| Controling Style(관리형) | Analytical Style(분석형) |
|---|---|
| 3, 7, 11, 15, 19, 23, 27, 31, 35, 39, 43, 47, 51, 55, 59, 63, 67 | 4, 8, 12, 16, 20, 24, 28, 32, 36,40, 44, 48, 52, 56, 60, 64, 68 |

## 2-5. 성격유형 4가지 대응법

| 유형 | 바람직한 대응(엔도르핀 유발) | 피해야 할 대응(스트레스 유발) |
|---|---|---|
| D | 1. 흉금을 터놓기 농담으로부터 시작한다.<br>2. 정력적으로 신속하게 큰 소리로 얘기한다.<br>3. 커다란 관점에서 이야기를 전개한다.<br>4. 목표달성 과정의 즐거움을 시사한다.<br>5. 상대방 꿈이나 아이디어에 관심 표명한다. | 1. 소극적이며 인정 없는 태도를 취하지 않는다.<br>2. 자질구레한 이야기는 피한다.<br>3. 원리, 원칙이나 규칙을 고집하지 않는다.<br>4. 상대방의 비판하거나 설득하지 않는다.<br>5. 좋고 나쁨, 사실, 숫자 등을 고집하지 않는다. |
| F | 1. 흉금을 터놓는 분위기로 이야기한다.<br>2. 1:1로 개인적인 관심을 갖는다.<br>3. 상대방 협력에 대해서 감사 표시한다.<br>4. 온화한 부드러운 말씨로 이야기한다.<br>5. 상대방의 생각을 적극 받아들인다. | 1. 일에 관한 이야기를 곧바로 하지 않는다.<br>2. 냉담, 무관심한 태도를 나타내지 않는다.<br>3. 논리나 책략으로 반론을 피지 않는다.<br>4. 지배적이고, 군림하며, 과도한 요구는 하지 않는다.<br>5. 곧바로 결론을 이끌어 내지 않는다. |
| C | 1. 일에 관한 이야기를 중심적으로 한다.<br>2. 간결하고 알기 쉽게 이야기한다.<br>3. 시간을 정확히 지킨다.<br>4. 정력적으로 신속하게 이야기한다.<br>5. 목표와 결과를 늘 분명히 한다. | 1. 두서없이 지루하게 시간낭비 않는다.<br>2. 개인적인 문제나 생각을 내놓지 않는다.<br>3. 지시, 명령, 충고하는 말투를 쓰지 않는다.<br>4. 결론을 먼저 내지 않는다.<br>5. 잡담이나 세상사는 말을 하지 않는다. |
| A | 1. 일에 관한 이야기로부터 들어간다.<br>2. 신중하게 천천히 진행한다.<br>3. 데이터, 자료 등 사전준비로 대응한다.<br>4. 상대에 생각할 수 있는 시간을 준다.<br>5. 결론은 서면으로 남겨 둔다. | 1. 상대방이 혼란을 느낄 이야기는 피한다.<br>2. 너무 과장된 이야기는 하지 않는다.<br>3. 추켜세우거나 너무 친숙하게 얘기 않는다.<br>4. 책략이나 교묘한 수단을 쓰지 않는다.<br>5. 결단(의사결정)을 서둘지 않는다. |

## 2-6. 서울 송천초교 멘토링 사례

### 1. 학교에서의 멘토링 적용분야

1) 학생 지도 활동(교사: 우수, 잠재, 슬럼프, 문제 학생)

① 교사와 집중 지도대상 학생을 1:4로 연결하여 지도.

- 우리 반에 자폐증 학생 1명, 편부 학생 3명을 대상으로 지도.

- 지도 대상 학생의 문제점 파악, 원인분석

- 칭찬과 격려, 학부모 상담, 잘못한 일은 깨닫도록 지도

■ 사례 1: 자폐 증세가 있는 S 군은 시업식 첫날 교실에 들어오지 않고 복도에서 서성대었다. 전 담임선생님으로부터 자폐 증세가 있는 친구가 우리 반 명단에

있다는 말을 들은 터라 바로 그 친구일 것이라고 확신하고 친절하게 맞이해 주었다. 다음 날 아침 첫째 시간이 지나고 나서야 등교한 S 군에게 왜 늦었는지 물어보았더니 대답을 하지 않았다. 집에 갈 때 어린이들 한 명씩 머리를 쓰다듬어 주면서 귀가를 시키는데 S 군은 나를 피해 도망갔다.

나는 S 군을 멘제로 결정하고 1:1로 1년 동안 관심을 갖고 지도해야겠다고 결심했다. 다음 날에도 S 군은 첫째 시간이 끝나 가도록 오지를 않아 우리 반 모든 어린이들에게 "S 군은 머리도 좋고, 공부도 잘하고, 착한 어린이인데 어려서부터 남과 어울리는 데 자신감을 갖지 못하는 병에 걸렸으니 우리 반 어린이들이 잘 도와주고 같이 놀아 주어야 한다"라고 이야기하였다. 그 뒤로 S 군이 하는 행동을 친구들이 이해하려고 노력하였으며, 나는 늘 S 군에게 관심을 갖고 웃는 낯으로 친절하게 대해 주었다. 처음에는 수업시간에도 엎드려 있고 모둠별 활동도 전혀 하지 않던 S 군이 몇 주 지나니까 자기는 의자에 앉지 않고 내 교탁 옆 바닥에 앉아서 공부하겠다고 하고, 학습 내용을 정리하는 비율도 많이 높아졌다.

그 뒤 S 군이 조금만 잘해도 모든 친구들에게 보여 주면서 "S 군은 정말 천재다 너무 잘한다. 우리 모두 박수 쳐 주자" 하고 칭찬을 해 주었더니 매우 좋아하면서 조금씩 자신감을 갖기 시작하였다. 친구들도 그를 칭찬해 주고 격려해 주니 모둠활동에도 참여하기 시작하였고, 수업시간에 수업을 듣는 태도도 매우 좋아졌다. 지금은 가끔 예쁘다고 안아 주면 좋아하고, 자기가 잘했다고 생각되는 것이 있으면 나에게 보여 주며 자랑을 한다. 자신감이 많이 생긴 것 같다.


■ 사례 2: 편부 슬하에 있는 세 명의 어린이는 모두 일에 의욕이 없고 매우 주의 산만하며 숙제도 거의 해 오는 일이 없었다. 그래서 숙제를 안 해 오면 학교에서라도 다 해야만 집에 보내 주고, 해 왔을 경우에는 다른 친구들보다 2배로 스티커를 주고 칭찬도 많이 해 주었더니 숙제를 해 오는 비율이 점점 좋아졌다. 학력도 매우 낮고 발표력도 전혀 없었으나, 칭찬이 약이라고 질문에 대한 답변이 맞든 틀리는 자신 있게 손들고 발표한 것만 해도 훌륭하다고 칭찬하고 스티커를 주었더니 발표력이 매우 향상되었다.

그래도 장난기가 심하고 너무 주의 산만하여 친구들에게 방해가 될 경우에는 따끔하게 야단치고 선생님이 너희들을 사랑하기 때문에 바른 태도를 갖도록 야단치는 것이라는 것을 주지시켜 주었다. 버릇이 쉽게 고쳐지지는 않으나 노력하는 것이 엿보여 기특하다. 위 어린이들을 멘제로 정하고 끊임없는 관심과 사랑을 주려고 노력한다.


2) 학습지도 활동

(우수학생: 부진학생, 교사: 부진학생, 학부모: 부진학생)

① 교사는 부진학생을 과제나 학습 내용 검사 후 수시로 지도

② 우수학생(멘토)과 부진학생(멘제) 선정하여 1:1 지도

　　- 수학과에 적용

　　- 단원 평가를 하여 우수학생 8명, 부진학생 8명 선정

　　- 멘토로서의 자부심과 좋은 점에 관해 지도하고 멘제 지도 시에 받을 혜택 부여

　　- 멘제는 부끄러운 것이 아니라는 것을 수긍하도록 지도, 학습 효과가 나타나면 받을 혜택 부여

　　- 멘제도 노력에 따라 멘토가 될 수 있다는 가능성 부여

　　- 칭찬과 격려

　　- 자기도 멘토가 되기 위한 노력을 보이는 학생이 생김

③ 학부모와 학생 간의 지도는 시행하지 못함.


■ 사례 3: 학습지도 활동에서 멘토링을 적용하기 제일 좋은 과목은 수학과이다.

한 단원이 끝난 뒤 단원 평가를 하여 점수가 높은 학생부터 차례로 8명을 멘토로 정하고 점수가 낮은 학생 8명을 멘제로 정하였다.

수학 시간에 문제를 내 주었을 때 멘토들은 일찍 문제를 풀고 시간이 남는 관계로 남는 시간에 멘제를 도와주도록 하였으며, 아침자습을 활용하기도 하였다. 방과 후는 학원에 다니는 어린이도 많고, 늦게 귀가하는 것을 싫어하기 때문에 될 수 있으면 쉬는 시간이나 학습 처리 후 남는 시간을 이용하였다.

어린이들은 친구들한테 지도받으면 자기들 수준에서 이해시키기 때문에 더 쉽게 이해될 경우가 많다고 한다. 멘토나 또 다른 어린이들이 잘 모르는 것은 선생님에게 가져오도록 하였다.

1주일에 한 번씩 멘토에게 송천 스티커를 주고, 멘제도 성적이 향상되었을 경우에는 송천 스티커를 주었다(참고로 우리 학교는 모범 어린이에게 송천 스티커를 주고 20개 모았을 경우 학교에서 상장을 수여함.－교실에서는 학급 스티커 20개를 모아야 송천 스티커 1개를 줌. 학급 스티커는 숙제를 잘 할 때, 발표를 잘하거나 글씨를 잘 쓸 때, 봉사를 할 경우에 수시로 주어 학급의 모든 어린이들이 매일 1~2개는 받음).

우리 학급은 수업 종료 후 숙제와 그날의 학습 결과 검사를 해야만 귀가할 수 있는데 멘토가 멘제를 지도했을 경우 먼저 검사하고 집에 일찍 갈 수 있는 특혜를 주었더니 열심히 지도하였다.

각 단원이 끝날 때마다 단원 평가 후 멘토와 멘제가 바뀔 수도 있으나 거의 변함이 없고, 많이 향상된 어린이는 자기 의사에 따라 멘토로 정해 주기도 하였다. 또 멘제도 많이 향상되었을 경우 멘제에서 벗어나기도 하고, 멘제들 중에서 다른 교과에 재능이 있는 어린이는 '체육 멘토, 컴퓨터 멘토, 등'으로 이름 붙여 주었더니 매우 우쭐해하고 자신감을 가졌다.


### 3) 특별활동, 재능활동, 여가활동

① 특별활동시간 사물놀이부에서 멘토와 멘제 역할 적용 지도(부원 29명)
- 기존 사물놀이 부원을 멘토로 하고 신입 사물놀이 부원을 멘제로 하여 1:1 또는 1:2로 관계를 맺어 줌.
- 채 잡는 법부터 자세지도, 타법지도, 가락 익히기 모두 교사가 먼저 시범을 보이고 멘토와 멘제가 1:1로 개별 지도하도록 시간을 줌.
- 멘제들이 쉽게 이해하고 쉽게 익히는 효과를 보고 있음.


■ 사례 4: 본인은 학교에서 특별활동 시간에 사물놀이 지도를 맡고 있다. 4, 5,

6학년 어린이들 중에서 사물놀이부를 희망하고 시험에 통과한 어린이 29명이 사물놀이 부원이 되었는데, 그중에 2, 3년째 하는 기존의 부원도 있기 때문에 어린이들의 실력 차이가 많았다.

그래서 기존 부원 13명을 멘토로 하고 신입 부원 16명을 멘제로 하여, 멘토 1명당 1명 또는 2명의 멘제를 정해 주었다.

멘제들은 모두 장구를 잡고, 멘토는 자기가 원하는 북이나 꽹과리를 잡도록 하여 지난해 배운 장구 가락에 맞는 북, 꽹과리 가락을 새로 익히도록 가르쳐 주었고, 멘제들에게는 멘토들이 알고 있는 장구 가락을 가르쳐 주었다.

먼저 기본 가락부터 교사가 시범을 보이고, 멘토들에게 개별적으로 지도할 시간을 주면 멘토들은 매우 즐거워하며 아주 열심히 지도하였다.

멘제들은 대충 알고 넘어갈 것도 멘토들이 하나하나 꼼꼼히 지도해 주니까, 훨씬 쉽게 익히는 것 같았다.

멘토링을 몰랐던 지난해 지도할 때보다 올해가 확실히 수월하고 어린이들도 쉽게 익힌다는 것을 느꼈으며, 멘토들도 매우 흥미 있어 하는 것을 보았다.


② 컴퓨터 시간에 적용
　－컴퓨터 활용 능력이 우수한 학생을 몇 명 선정하여 컴퓨터 활용이 떨어지는 학생을 그때그때 지도하도록 함.


■ 사례 5: 컴퓨터 시간에 컴퓨터 능력이 우수한 어린이 5명을 멘토로 하고 멘제는 특별히 정하지 않은 상태에서 교사가 프로젝션 TV를 통해 설명을 해 주었는데도 이해를 못 하는 어린이가 손을 들면 멘토가 찾아가서 지도해 주는 것으로 하였다.

예를 들어 인터넷으로 필요한 사이트에 찾아 들어가는 것을 잘 모르는 어린이, 저장하는 방법을 모르는 어린이, 게시판에 올리는 것, 파워포인트 활용법 등 그때그때 활용 방법을 손을 들면 멘토들이 찾아가 도와주었더니 교사 혼자서 지도하는 것보다 효과가 크고, 어린이들의 컴퓨터 활용 능력이 매우 향상되었다.

4) 신임교사 조기 정착 활동

① 동 학년의 신임교사가 도움을 청하러 오면 지도

② 옆에서 지켜보고 어려워하는 점 찾아서 지도

③ 잘하는 점 칭찬, 격려


5) 멘토링의 효과

① 의욕 부진, 자멸감을 없애고, 자신을 사랑하고 자부심을 가질 수 있도록 함.

② 면학 분위기 조성 및 학습 능력 신장

③ 멘토로서 자부심을 갖고 지도력이 향상되며, 모든 일에 자신감을 얻음.

④ 선생님 존경, 동료 사랑, 인간 존중의 태도를 기를 수 있음.

<글: 5학년 담임 김정순 부장교사>

# 제3장
# 리더(Leader)가치 개발

## 3-1. 멘토링에서 리더의 의미

멘토링에서 리더(Leader)는 먼저 인격적인 리더를 의미한다. 반면 조직폭력 등 비인격적인 유해 단체의 리더는 제외된다. 한편 멘제를 리더로 세우는 멘토는 자신보다 멘제를 더 큰 리더로 세우는 것이 멘토십(Mentorship)의 기본이며 타 리더십과 차별화다.

## 3-2. 리더로 개발 예시

1) 왕자를 왕으로 개발 — 한 사람 멘제 왕자를 수많은 멘토 왕사(王師)가 장기적·체계적인 방법으로 왕으로 세운다.

2) 임직원을 핵심 리더로 개발 — 조직의 후계자나 CEO를 양성하는 방법으로 한 사람 핵심인재를 양성하기 위하여 전문적인 멘토 군(群)(멘토 1, 멘토 2, 멘토 3……)을 세워 장기적으로 조직의 핵심리더로 양성한다.

3) 멘제를 멘토로 개발 — 제도적 멘토링에서 멘제를 멘토와 1:1로 연결하여 일정 기간 멘토링 활동 기간을 거쳐 멘토로 재생산(Reproducting)하는 방법이다.

# 3-3. 멘제를 멘토 리더로 재생산하는 과정 도표

■ 멘토링 재생산 Mentor–Menger 관계 모델(by '78 William Gray 교수)

M m–멘토 표시 P p–멘제 표시(Protege–원어)

$$M \longrightarrow \quad M\,p \longrightarrow M\,P \longrightarrow \quad m\,P \longrightarrow \quad P$$

| 정보 제공형 | 안해형 | 상호 협력형 | 확인형 | 재생산 달성 |
|---|---|---|---|---|
| 양육해 주는 유형 | | 능력을 부여하는 유형 | | 인재 재생산 유형 |

* 우측의 대문자 P(멘제)는 멘토로 재생산되어 다음 기회에 멘토로 활용한다.

# 3-4. 섬김 리더십 예비진단(평직원 멘토용)

## 1. 멘토링 리더십에서 적합성(Compatibility)인가?

멘토링의 활동에 참여하는 멘토는 자신이 멘제를 위한 인재개발 리더로써 얼마나 적합한가를 아래 3가지로 예비진단 하고 부족한 분야를 보완해 나간다.

1) 자질 테스트
2) 역할 테스트
3) 자생력 테스드
■ 설분만섬: 1개당 2.0(매우 좋다)–1.5–1.0–0.5–0.0(매우 좋지 않다)
■ 참고점수: 설문내용을 이해할 수 없을 때는 1점으로 계산한다.
■ 현재득점: 설문 10개 합계점수
■ 목표점수: 20점 만점–현재 득점
■ 목표관리: 목표점수 업그레이드는 미팅활동에서 다루고 계속 3개월 만에 재점검한다.
■ 상호 협조: 멘토와 멘제는 미팅할 때 상호 간 공개리에 목표점수를 관리하면서 돕는다.

## 1) 자질 테스트

| 번호 | 1. 자질(Self Quality)개발 소재 | 점수 |
|---|---|---|
| 1 | 나는 계속 배우려는 열망과 능력이 있다. | |
| 2 | 나는 사람들에게 영향력을 가지고 있다. | |
| 3 | 나는 전체적인 틀을 본다. | |
| 4 | 나는 책임을 질 줄 안다. | |
| 5 | 나는 다른 사람을 잘 이해한다. | |
| 6 | 나는 긍정적인 변화를 유도한다. | |
| 7 | 나는 교양 생활이 모범적이다. | |
| 8 | 나는 다음에 무슨 일을 해야 할지를 잘 파악한다. | |
| 9 | 나는 다른 사람의 재능을 개발하는 능력이 있다. | |
| 10 | 나는 다른 사람들에게 지도자로 인정받고 있다. | |
| | 소 계 | |

## 2) 역할 테스트

| 번호 | 역할 | 2. 역할(Role) 개발 소재 | 점수 |
|---|---|---|---|
| 1 | 교육 | 나는 멘제에 대하여 가르치기를 아주 좋아한다. | |
| 2 | | 나에게는 멘제를 가르칠 수 있는 핵심역량이 있다. | |
| 3 | 상담 | 나는 멘제와 상담시 내 의견보다는 먼저 경청을 잘한다. | |
| 4 | | 나는 평상시 멘제의 개인적인 건의에 관심을 갖고 해결에 노력한다. | |
| 5 | 코치 | 나는 멘제와 평소 업무를 떠나 어울리기를 좋아한다 | |
| 6 | | 나는 휴일이나 업무시간 외에 야외나 외식 등 친교 활동을 한다. | |
| 7 | 후원 | 나는 멘제에게 칭찬 70% /책망 30% 비율을 제대로 지킨다. | |
| 8 | | 나는 멘제를 외부기관이나 기타 조직에 추천한 적이 있다. | |
| 9 | 조정 | 나는 멘제로부터 문제 해결 요청을 받을 때 최단 시간에 해결한다. | |
| 10 | | 나는 멘제의 담당부서 및 업무에서 조정 요청에 해결해 준다. | |
| | | 소 계 | |

3) 자생력 테스트

| 번호 | 구분 | 3. 자생력(Selfscored)개발 소재 | 점수 |
|---|---|---|---|
| 1 | 소명 의식 | 멘제와 회사체험을 나누고 궁금해하는 점을 설명해 준 적이 있다. | |
| 2 | | 내가 속해 있는 조직에 만족하며 다른 이에게도 권할 의향이 있다. | |
| 3 | | 조직의 구성원이 된 것에 감사하고 있으며, 멘토가 된 것도 나에게 주어진 사명이라고 생각한다. | |
| 4 | 사명 의식 | 자신의 가족을 멘제에게 소개하고 식사를 함께한 적이 있다. | |
| 5 | | 멘제의 애경사에 관심을 갖고 참석한다. | |
| 6 | | 멘제에게 힘겨운 일이 생겼을 때, 나는 자신이 그가 찾아올 수 있는 평안한 사람이라고 생각한다. | |
| 7 | | 멘제가 관심을 보이는 자선단체나 봉사활동에 대해 조언을 해 줄 수 있을 정도의 지식을 갖고 있다. | |
| 8 | 창의 의식 | 멘제가 최근에 했던 가정사, 직장 등 고민을 알고 있다. | |
| 9 | | 멘제에게 교양서적이나 전문서적 등의 구입을 권한다. | |
| 10 | | 가끔 회사 밖으로 나가서 그들과 함께 유익한 문화생활을 한다. | |
| | | 소 계 | |

# 3-5. 관계리더십의 7가지 법칙

- 법칙 1: 더 높은 단계로 올라갈수록 더 오래 걸린다. 하지만 오래 걸려도 괜찮다. 하나의 과정이기 때문이다. 요즈음 사람들은 너무 빨리 뛰어넘으려고 한다. 오래 걸려도 문제 될 것은 없다.

- 법칙 2: 더 높이 올라갈수록 더 높은 수준의 헌신이 요구된다. 2단계에 있다면 서로 더 많은 성과를 요구하게 되고 헌신도도 올라가게 된다.

- 법칙 3: 높은 단계로 올라갈수록 리드하기가 쉬워진다. 이것은 아주 중요한 포인트이다. 리더십은 더 나아갈수록 쉬워진다. 다시 말해 4단계가 1단계보다 훨씬 쉬워진다는 뜻이다.

- 법칙 4: 높은 단계로 올라갈수록 성공할 확률이 더욱 높아진다.

- 법칙 5: 결코 세워 놓은 하위단계를 무시할 수 없다. 한 단계, 한 단계 올라갈수록 리더십의 깊이가 더 깊어진다는 것이다.

추락한다 해도 4단계에서는 3단계까지만 떨어진다는 것이다. 그러나 1단계에 있을 경우 떨어진다면 영원히 떨어지는 것을 의미한다.

- 법칙 6: 리더로서 당신은 모든 사람과 같은 수준에 있지는 않다. 리더십 5단계를 배우면서 자신에게 질문하게 된다. 내 리더십의 단계는 무엇인가? 흥미로운 사실은 사람들의 리더십이 각양각색이라는 것이다.

신입사원이라면 1단계일 확률이 높고 오래 근무한 사람이라면 3단계일 것이다. 근무를 오래하고 친하면서 프로젝트를 하면서 성과도 냈다면 2단계일 것이다. 다른 사람을 개발했다면 4단계일 것이다.

- 법칙 7: 리더는 다른 리더들도 함께 높은 수준으로 올라가야 한다.

1단계는 저절로 주어지는 것. 허용의 수준에서는 관계를 맺는 것

2-3-4단계는 열심히 노력해야만 가능한 것

2단계는- 생산

4단계는- 인재양성의 성장이다

끝으로 5단계는 저절로 이뤄지는 것이다


# 3-6. 관계리더십 예비 진단도구(경영이자 멘토용)

리더로서 스스로 자신의 성공적인 리더십을 단계별로 아래 체크리스트를 통해 찾아보도록 하자. 아래 5단계별 설문 진단도구는 각 단계에서 성공하는 데 필요한 특성들이다.

| Lebel | 진단 설문도구 | 4 | 3 | 2 | 1 | 0 |
|---|---|---|---|---|---|---|
| Lebel 1.<br>Position<br>지위를 통한<br>권리 리더십<br>소계( ) | 나는 조직 전체를 완전히 파악하고 있다. | | | | | |
| | 조직의 역사를 완전히 파악하고 있다. | | | | | |
| | 경영에 대한 분명한 책임을 지고 있다. | | | | | |
| | 업무처리가 신속 정확하다. | | | | | |
| | 경영에 창조적인 아이디어를 제공한다. | | | | | |

| Lebel | 진단 설문도구 | 4 | 3 | 2 | 1 | 0 |
|---|---|---|---|---|---|---|
| Lebel 2.<br>Perfomance<br>성과를 통한<br>결과리더십<br>소계(  ) | 목표 달성을 위해 주도권을 쥐고 활동한다. | | | | | |
| | 추진 계획 결과에 대한 책임을 진다 | | | | | |
| | 크나큰 보상이 주어지는 일을 찾아서 한다. | | | | | |
| | 경영의 전략과 비전을 사람들에게 이해시킨다. | | | | | |
| | 결정하기를 두려워 않고 상황 변화를 유도한다. | | | | | |
| Lebel 3.<br>Relation<br>허용을 통한<br>관계리더십<br>소계(  ) | 사람을 진정으로 사랑하고 있다. | | | | | |
| | 함께 일하는 사람이 성공토록 돕는다. | | | | | |
| | 절차보다는 사람을 더욱 사랑한다. | | | | | |
| | 나의 계획에 사람들을 참여시킨다. | | | | | |
| | 까다로운 사람을 지혜롭고 처리하고 있다. | | | | | |
| Lebel 4.<br>Reproducting<br>인재개발을<br>통한 재생산리더십<br>소계(  ) | 가장 소중한 자산이 바로 사람이다 | | | | | |
| | 사람 개발에 최우선 순위를 둔다. | | | | | |
| | 사람들이 따를 수 있는 모델이다. | | | | | |
| | 사원들에게 성장의 기회를 준다. | | | | | |
| | 사람들에게 리더입장에서 도움 받고 있다. | | | | | |
| Lebel 5<br>Respect<br>인격을 통한<br>존중리더십<br>소계(  ) | 나를 따르는 자들이 충성스럽고 희생적이다. | | | | | |
| | 리더로 지도하는 데 많은 시간을 보냈다. | | | | | |
| | 고객들을 자주 찾는 경영자가 되었다. | | | | | |
| | 사원들의 성장 모습이 가장 큰 즐거움이다. | | | | | |
| | 지역사회에서 인정을 받는 인물이다. | | | | | |
| 결정 현재 우수 단계(  ) 희망단계(  ) | | | | | | |

# 3-7. 동양기전 멘토링 사례

## 1. 당사 멘토링 시스템

최근 신입사원의 욕구는 다양해지고 있다. 인터넷의 발달과 급변하는 환경은 기존 선배 사원들이 가지고 있는 생각과 문화와는 차이가 있음을 인정하지 않을 수 없게 만들었다. 하지만 기업은 같은 VISION 아래 한 방향으로 힘께 합심하고 노력하여 타사와 경쟁하여야 하기 때문에 당사는 첫째, 기존선배 사원과 신입사원들의 문화와 생각의 차이를 어떻게 줄일 것인가, 둘째, 어떤 방식으로 신입사원을 조기 정착시켜, 선배사원과 신입사원 모두 시너지 효과를 낼 수 있도록 할 것인가 하는 해결책을 찾고자 2003년 10월 1일 멘토링 제도를 도입하게 되었다.

## 2. 선행사항

멘토링 도입 시 가장 중요한 부분은 전사원의 공감대 형성이다. 공감대가 형성되지 않고는 제도가 제대로 실행될 수가 없다. 그래서 동양기전은 제도 도입 필요성 및 타사사례 등을 경영자에게 보고하여 시행하기로 결정하고 6개월 전부터 그룹별 설명회 및 동양사보 등을 통해 홍보를 해 나가기 시작했다. 아울러 외부강사를 초빙하여 멘토링 제도에 대한 교육도 함께 실시하여 많은 계층들로부터 공감대를 얻어 냈다. 공감대 형성은 제도에 대한 이해 및 함께 동참하여 추진하고자 하는 전 사원들의 의욕을 불러일으킬 수 있다.

## 3. 멘토링 추진위원회 구성

기존의 인사담당에서 운영하던 인사관리 시스템과는 별개로 D.Y(동양) 멘토링 위원회라는 별도의 조직을 구성하였다. 또한, 조직 구성원은 전문교육을 수료하고 외부 강사 초빙 등을 통해 멘토십을 학습하였다. 위원회의 구성원은 경영자 및 사원대표 등의 다양한 계층의 사원이 참여하고 있으며, 모니터 요원으로도 활동하면서 멘토와 멘제의 활동을 촉진시키는 역할을 하고 있다.

## 4. 멘토링 프로세스

멘토링 위원회가 구성되면
첫째, 먼저 전 사원을 대상으로 멘토링 설명회를 개최한다.
둘째, 각 부서에서 추천된 멘토 후보 중에서 멘토링 위원회에서 심사기준에 따라 적합한 멘토를 선정하게 된다.

셋째, 선정된 멘토를 대상으로 멘토십과 멘토링 제도 교육을 실시한다.

멘토십이 바탕에 있지 않으면 멘토의 역할을 수행하는 데 소홀하게 되며, '현업무 외에 다른 업무가 부가된다'는 불만이 발생할 수 있으므로 교육을 통해서 멘토십을 형성하는 것이 무엇보다도 중요하다.

넷째, 교육 및 게임을 통하여 성격 분석을 하고 유사한 성격끼리 멘토, 멘제 커플을 맺는다.

다섯째, 월례조회 등을 통하여 멘토에게 멘토링 배지 등을 증정하고 결연식을 맺어 멘토링 기간 동안은 배지를 달고 다니게 해 멘토로 선정된 것에 대한 자부심을 갖게 한다.

여섯째, 주기적으로 멘토링 프로그램을 통하여 활동할 수 있는 공간을 만들어 주고, 활동성과가 좋은 사람은 포상을 하고 부족한 사람은 분발시킨다.

일곱 번째, 활동결과에 대한 평가 및 결과를 경영자에게 보고한다.


## 5. 멘토링 프로그램

활동기간 동안 멘토링 위원회에서는 다음 네 가지 프로그램으로 멘토링 커플을 지원한다.

첫째, 동기부여 프로그램이다. 멘토에게 월 활동비를 지원해 주고 활동 평가 후 우수멘토로 선정된 멘토는 수상하게 된다. 그 결괴는 종합 평가 시 인성 부분을 참고하는 자료로 활용된다.

둘째, 오프라인 활동촉진 프로그램이다.

멘토링 추진위원이 멘토/멘제 커플을 나누어서 모니터링을 하게 되고 부진한 커플을 독려하고 그들에게 접수된 건의사항 및 고충사항은 위원회에서 해결한다. 위원회는 월간 단위로 멘토만을 대상으로 하는 간담회를 개최하고 멘토·멘제 단체활동을 주관함으로서 활동을 촉진시키고, 매주 금요일을 멘토링데이로 지정해서 주내에 활동하지 못한 부분을 상기시키고 지속적으로 활동할 수 있도록 도움을 주고 있다.

셋째, 온라인 활동촉진 프로그램이다. 당사는 멘토링 커뮤니티와 E-MAIL을 적극 활용하고 있다.

멘토링 커뮤니티를 구성해서, 온라인 교육을 시행하고 베스트 PRACTICE를 선정해, COMMUNITY 게시판에 공고한다. 이를 통해 선정된 사람은 자부심을 갖게 하고, 다른 멘토에게는 분발을 촉구하게 한다. 또한, 기록으로 남겨 개별적인 활동으로 남을 수 있는 활동을 모두에게 공유시켜 활동결과를 벤치마킹하게 한다.

실제로 1기 멘토/멘제는 커뮤니티를 통해 타 커플의 활동사례를 벤치마킹하였고 선의의 경쟁을 함으로써 활동이 촉진되는 것을 모니터링할 수 있었다. 커뮤니티가 커플의 네트워크를 통한 지원이라고 한다면, 이메일은 멘토링 활동의 알람역할을 한다. 멘토링 위원회라는 별도 계정으로 보내지는 E-MAIL은 매주 금요일 멘토링데이에 추천활동과 함께 보내진다. 단순히 추천활동뿐만 아니라 대표이사의 신년사 등 조직문화와 관련된 여러 자료들을 멘토에게 보냄으로써 멘토가 멘제를 효과적으로 지도하는 데 도움을 주게 된다.

넷째, 활동평가 프로그램이다(슬라이드 10 삽입).

멘토는 월 1회의 활동보고서를 제출하게 되고, 멘제를 대상으로 1개월차와 멘토링 종료 후에 각각 설문조사를 실시하게 된다. 활동평가점수는 멘토 50점, 멘제 40점, 모니터 가점 10점으로 구성되어 있으며, 보고서 제출도, 아이디어 제공, 커뮤니티 활동, 멘제 설문조사 결과로 평가하게 된다.

다섯째, 활동평가 프로그램이다(슬라이드 10 삽입).

멘토는 월 1회의 활동보고서를 제출하게 되고, 멘제를 대상으로 1개월차와 멘토링 종료 후에 각각 설문조사를 실시하게 된다. 활동평가점수는 멘토 50점, 멘제 40점, 모니터 가점 10점으로 구성되어 있으며, 보고서 제출도, 아이디어 제공, 커뮤니티 활동, 멘제 설문조사 결과로 평가하게 된다.

# 6. 멘토링 시행결과 및 효과

당사는 2003년 9월 1일에 입사한 사원 19명을 대상으로 10월 1일부터 제1기 멘토링이 진행되었으며 12월 31일 기준으로 유지율 100%, 정착률 100%의 결과가 나타났다.

활동 후 멘제에게 실시되는 멘제 만족률 설문조사에서도 긍정적인 결과가 집계되었다.

현재는 제1기 멘토링의 성공적인 정착에 힘입어 경력사원을 대상으로 한 제2기 멘토링이 진행 중이다. 기간은 12월 1일~2004년 2월 28일까지이며 현재까지 100%의 유지율과 100%의 정착률을 보이고 있다.

멘토링 시스템이 신입사원 이외에도 경력사원들의 조직 적응력 향상과 긍정적인 마인드 조성에 효과를 나타낼 것이라고 기대하고 있다.

1기, 2기에 이어 제3기 멘토링이 시행되었다. 3기 멘토링은 1기, 2기와는 달리 생산부문의 멘토링이다. 국내외 자료에서 생산부문의 멘토링 사례는 찾아볼 수가 없어서 D.Y 멘토링 위원회에서는 '도전'이라고 표현하고 있다. 2004년 2월 1일 입사한 생산 신입 여사원과 입사 3년차 이상의 멘토가 연결되어 활동하고 있다.

짧은 기간이지만 지금까지 당사가 시행해 본 결과 멘토링 운영의 성공 포인트는

첫째, 멘토링이 프로그램화되어야 한다는 것이다. 동양기전을 비롯한 국내 많은 기업도 멘토링과 유사한 후원자제도를 한 번쯤은 시행해 보았을 것이다. 하지만 성과를 거두지 못한 이유는 멘토와 멘제를 연결만 시켜 놓고 그들을 관리해 줄 프로그램이 정립되어 있지 않기 때문이라고 생각된다.

둘째, 목표가 단순하고 명확해야 한다. 당사의 사례처럼 제1기 신입사원 정착률 향상, 제2기 경력사원 정착률 향상, 제3기 생산부문 정착률 향상 등의 구체화된 목표가 있어야만 도달하기가 쉽다.

셋째, 멘토링의 생명은 끊임없는 관심이다. 조직 내에서 경영자가 관심을 갖고, 위원회에서는 지속적으로 새로운 프로그램을 개발하고, 활동비 등의 경비지원을 해야만 멘토링 프로그램이 활성화될 수 있다고 생각한다.

동양기전은 1기, 2기, 3기를 통해 멘토링 제도를 단시간 내에 효과적으로 정착시켰다. 2003년 10월 멘토링제도를 도입하여, 사원들이 '돋보기형' 인사관리보다 '현미경형' 인사관리 즉 세밀한 관찰과 세심한 배려가 밑바탕에 깔려 있는 현장 중심의 인사관리를 원하고 있다는 것을 다시 한 번 인식하게 되었다. 또한, 멘토링은 당사에 다음과 같은 세 가지 효과를 나타냈다.

첫째, 공통의 문화가치와 회사의 VISION 등을 인식시켜 줌으로써 신입사원이 조직문화에 신속히 융화되어 정착률 100%를 달성하게 되었다.

둘째, 지식이전과 기술전수이다. 멘토가 익힌 지식과 기술 등을 1:1로 멘제에게 이전시켜 주고, 멘제는 새로운 환경변화를 멘토에게 인식시켜 줌으로서 멘토/멘제가 다 같이 향상되는 시너지 효과를 가져오게 되었다.

셋째, 업무 이외에 개인적인 애로사항 등을 서로 상담하고 해결함으로써 인간관계를 향상시켜 개인 간, 팀 간의 갈등해소를 가져와 업무향상을 가져오는 효과를 볼 수 있었다.

그러나 우리는 여기에 만족하지 않고 새로운 프로그램 개발을 적극 추진하여 멘토링 시스템을 더욱 발전시키고, 다른 인재육성 프로그램과도 연결시켜 단순한 정착률 향상만이 목적이 아니라 회사의 핵심인력 육성에 기여할 수 있도록 할 예정이다.


## 7. 멘토링 활동 후 소감

### 1) 멘제: 최은석(기획실회계팀)

초등학교 때인가 '마니또'란 것을 해보고 처음으로 접해 보는 공식적인 유대관계인 것 같다. 아무도 모르게 뒤에서 도와주는 그림자 역할을 하면서 참 뿌듯하기도 하고, 주는 기쁨이 이거구나 느끼면서 받는 사람보다 더 좋아했던 기억이 난다.

신입사원으로 처음 회사에 입사하면서 사회생활에 대한 막연한 두려움과 '내가 과연 잘할 수 있을까?' 하는 걱정을 많이 했었다. 그러다 정말 운이 좋게 멘토링 제1기로서 여러 멘토/멘제님들과 개인적인 유대관계를 통해 그런 두려움을 조금이나마 해소할 수 있었고, 말로만 듣던 동양기전의 기업문화가 참 인간적이라는 것을 새삼 느낄 수 있었던 기회였던 것 같다. 그리고 가족이나 친구들이 이해 못 할 것 같아 말할 수 없었던 고민거리, 멘토님과 함께 나누면서 든든한 후원자 한 분을 만난 것 같아 참 고마웠다.

선배님들이 말하길 직장 생활이란 것이 일이 힘들어서가 아니라 사람 사이의 관계가 힘들어 누구나 한 번은 이직을 생각해 본다고 한다. 하지만 직장 내에 누군가 나를 진심으로 후원해 주고, 고민을 들어 주며, 충고를 아끼지 않는 길잡이 역할을 해 주시는 분이 한 분이라도 있다면 마음의 상처로 쉽게 이직을 결심하지 않을 것 같다는 생각을 했다.

### 3개월간 멘토링……

짧지만은 않은 기간이기에 많은 것을 할 수 있을 거라 생각했는데 회사에 적응하는 사이 어느새 시간이 훌쩍 지나가 버렸다. 막상 3개월이 지나고 나니 너무 짧아 그동안 멘토님과 많은 시간을 보내지 못한 것 같아 아쉬운 생각이 든다. 하지만 멘토님과 다짐했다. 공식적인 멘토링은 여기서 끝이 나지만 꼭 멘토/멘제이기 때문에 활동을 해야 한다기보다는 직장의 선배로서 인생의 선배로서 또 때로는 친언니같이 언니로서 마음의 유대를 계속 유지하기로…….

그리고 언젠가 나에게 멘토의 기회가 주어진다면 이다음에 꼭 좋은 멘토가 되어서 멘토님께 받았던 고마움을 더해 나의 멘제에게도 길잡이 역할을 해 주고 싶다는 바람과 욕망을 가져 본다. ^ ^

## 4-1. 멘토링에서 혁신의 개념(Concept)

멘토링에서 혁신(Innovation)의 개념은 개인적인 면과 조직적인 면 즉 두 가지 차원에서 검토할 수 있다.

1) 개인적인 면 - 멘제가 멘토라는 리더로 재생산될 때 이기(利己)주의에서 이타(利他)주의로 즉 180도 변화를 가져오는데 이를 두고 혁신이라고 한다.

2) 조직적인 면 - 조직의 CEO는 구성원 전체를 양적(量的)으로 관리(Productivity)하고 멘토는 구성원 중 한 사람 멘제를 질적(質的)으로 관리(Humanity)하게 되는데 이때 조직이 양과 질의관리가 제대로 이루어져 유기체(有機體)조직으로 변화되는 현상을 혁신이라고 한다.

| 일반적 Leadership | 구분 | 혁신적 Mentorship |
|---|---|---|
| 사람들(People)에게 | 대상 | 한 사람(A Person)에게 |
| 영향력(Influence)을 발휘하여 | 내용 | 역량(Competency)을 발휘하여 |
| 많은 추종자들(Followers)을 얻는 일 | 목적 | 한 리더(A Leader)를 얻는 일 |
| 양적(Quantity) 성장평가 | 평가 | 질적(Quality) 성장평가 |
| 망원경적 리더십 - 숲을 보는 리더십 | Synergy | 현미경적 리더십 - 나무 보는 리더십 |

## 4-2. 멘토링의 혁신 리더십

- 멘제는 한 사람(A Person)을 리더(A Leader)로 화학적 변화 즉 혁신이 이루어짐.
- 멘토는 한 사람 멘제를 위하여 자신의 핵심역량을 제공함으로 멘제를 변화시킴.
- 멘토는 현미경적 멘토십으로 좁고 깊게 관리함으로 질적 변화 유도가 가능함.

우리는 행복한 인생을 이루어 나가기 위해, 자기 혁신으로 시작하여 희망과 나를 찾는 여정을 거쳐 라이프 플랜을 완성할 수 있다. 그러나 자신의 계획이 완벽하게 이루어지지 않더라도 너무 실망하지 말라. 원래 혁신(革新)이란 가죽이나 피부를 새롭게 하는 것, 가죽을 벗겨 내고 새롭게 해야만 하는 일이다. 그러나 어려운 일일 수밖에 없다. 그만큼 고통을 참아야만 하는 일인 것이다. 희망이란 인내로 완성된다고 한다. 그 희망이 클수록 인내의 힘도 당연히 커질 것이다. 다음 장의 5가지 Sheet는 혁신을 돕는 도구다.

## 4-3. 자기 혁신 5가지 Sheet

### Sheet 1. 나의 꿈 나의 희망

'나의 꿈 나의 희망은'은 라이프플랜의 첫 번째 작업으로 자신의 생애를 성공적으로 설계하기 위한 시작단계이다. 아래 9가지 주제를 참고하여 현실의 생각보다는 자신의 희망을 충분히 반영하여 크고 강력한 꿈과 희망을 적어 보기 바란다.

| NO | 주제 | 성명:　　　　조직:　　　　작성일: 20　년　　월　　일 | | 의미 |
|----|------|----------------------------------------------|---|------|
| 1 | 인생관 | 나는 사후에 어떤 사람으로 기억되기를 원하는가? | | 생의 가치 |
| 2 | 전문성 | 내 인생의 절정기에 나는 어떤 전문가이기를 원하는가?<br>분야:<br>특징: | | 하고 싶은<br>일 스페셜<br>리스트 |
| 3 | 10년 뒤<br>모습은 | 아무 제약이 없다면, 나의 10년 뒤의 모습은 어디에서 무엇을 하고 있을까?<br>직업:<br>직위:<br>하는 일: | | 되고 싶은<br>모습 |
| 4 | 20년 뒤<br>모습은 | 아무 제약이 없다면, 나의 10년 뒤의 모습은 어디에서 무엇을 하고 있을까?<br>직업:<br>직위:<br>하는 일: | | 되고 싶은<br>모습 |
| 5 | 경제력 | 내 인생의 희망 재정 상태<br>10년 뒤:<br>20년 뒤:<br>노후: | | 갖고<br>싶은 것 |
| 6 | 가정 | 내 인생의 기반이 되는 가정 모습 | | 희망<br>가정 형태 |
| 7 | 특기 | 지금은 아니어도 앞으로 내가 내세울 수 있기를 바라는 특기사항 | | 창조성 |
| 8 | 문화 흥미<br>저술 | 내 인생에 있어서 창조성을 발휘하는 문화나 흥미, 저술 활동 | | 창조성 |
| 9 | 휴먼<br>네트워크 | 인생의 친구, 희망 인맥 | | 인맥 |
| 10 | | | | 추가항목 |

## Sheet 2. 적성과 흥미 이해

　적성과 흥미 이해는 라이프플랜 설계하는 과정에서 가장 중요한 영역이라 할 수 있는 커리어, 즉 자신의 직업 선택과 성장, 성취 관련이 높다. 적성과 흥미의 이해 작업은 현재의 직업이나 전공보다는 자신의 미래, 꿈과 희망을 반영할 수 있는 직업의 유형을 찾는 것이 중요하다.

| NO | 주 제 | 성명:　　　직장:　　　작성일: 20 　년　　월　　일 | | 의미 |
|---|---|---|---|---|
| 1 | 내가 하고<br>싶은 분야(일) | 내가 하고 싶은 분야나 일은 무엇인가? | | 하고<br>싶은 일 |
| 2 | 주변에서 나에게<br>권하는 분야(일) | 가족을 비롯한 주변에서 나에게 권하는 분야나 일은 무엇인가? | | 권하는 일 |
| 3 | 학창 시절<br>좋아했던 과목 | 학교에서 좋아하는(했던) 과목은? | | 교과목 |
| 4 | 전공<br>또는 업무<br>지식 | 내가 선택한 전공이나 그동안 준비한 업무와 관련한 지식은 무엇인가? | | 지식 |
| 5 | 직업<br>(아르바이트) | 내가 현재 또는 과거에 하고 있거나 해 보았던 직업 또는 아르바이트는 무엇인가? | | 경험 |
| 6 | 적성유형<br>(Aptitude) | 나의 적성 유형은 무엇인가?<br>A 타입 − 경영자형<br>B 타입 − 마케팅형<br>C 타입 − 기획형<br>D 타입 − 연구개발형<br>E 타입 − 사무형 | | 멘토링<br>적성<br>찾기<br>게임<br>참고 |
| 7 | | | | 추가항목 |

## Sheet 3. 핵심가치

　핵심가치(Core Value)는 자기가 존재하는 근본 이유가 되며, 자신이 전 생애에 걸쳐서 추구하고자 하는 그 무엇이 될 것이다. 그 무엇은 스스로 열정을 갖게 만들며, 끊임없이 동기부여를 하는 핵심가치를 말한다. 이제 여러분들은 무엇이 자신을 움직이게 만드는가를 생각해 보고 어떠한 세상을 만들어 사고 싶은지 생각해 보도록 하자.

| | 성명:　　　조직: 20　　년　　　월　　　일 |
|---|---|
| 핵심<br>가치<br>세계관 | 나의 비전/사명서 작성을 위한 핵심가치 찾기 작업양식<br>다음 질문은 보면서 자신의 핵심가치와 추구하는 세계를 만들어 보라 |
| | 1) 무엇이 스스로 열정을 갖게 만들고, 열중하게 하는가?<br>2) 자신이 한평생 간직하고 싶고 그것을 위해 노력하고 싶은 가치는 무엇인가?<br>3) 사녀에게도 보유히도록 전달하고 싶은 핵심가치는 무엇인가?<br>4) 은퇴 후에도 삶의 여유가 있다면 유지하고 싶은 것은 무엇인가?<br>5) 자신이 설정한 가치로 인하여 설사 불이익을 받더라도 유지하고 싶은 것은 무엇인가?<br>6) 조직을 떠나서라도 계속하여 유지하고 싶은 가치는 무엇인가? |

성명:　　　조직: 20 　년　　　월　　　일

| 초안 | 나의 핵심가치 [초안] <br> 나 (　　)은(는) 내 인생을 통하여 나의 핵심가치이며 존재 이유가 되는 가치로서 다음의 것을 추구한다. |
| --- | --- |
| | 1) |
| | 2) |
| | 3) |
| 원하는 세계 | 또한 내가 원하는 세상은 다음과 같은 세계다. |
| | 1) |
| | 2) |
| | 3) |

## Sheet 4. 삶의 보물찾기

여러분의 보물은 무엇인가? 먼저 지금까지 삶 중에서 가장 큰 성공, 실패 등을 2~5개 적어 보고 그에 대한 성공요인과 실패원인을 분석하여 대안방안을 세운다. 성공과 실패의 분석에서는 크기보다는 철저히 분석하는 자세가 필요하다.

| NO | 주제 | 성명:　　　직장:　　　작성일: 20 　년　　　월　　　일 | | 의미 |
| --- | --- | --- | --- | --- |
| 1 | 성공의 경험 | 내 인생에서 성공했던 경험의 기억들 <br> (가장 큰 기억들 2~5개 정리) | | 성공 학습 |
| 2 | 성공의 공통적 요인 | 나의 성공에서 공통적으로 적용된 요인은 무엇인가? | | 삶의 보물 강점 |
| 3 | 실패의 경험 | 내 인생에서 실패했던 경험의 기억들 <br> (가장 큰 기억들 2~5개 정리) | | 실패의 자산화 |
| 4 | 실패를 피 할 수 있는 방법 | 실패했던 경험에서 결정적인 실패의 원인 | | 실패로 부터 학습 |
| 5 | | | | 추가 항목 |

### Sheet 5. SWOT 분석

자신의 가장 핵심적인 목표를 대상으로 하지만, 직업이나 전문성, 나만의 경쟁력, 그리고 이들을 모두 통합한 하나의 목표에 대해 분석해 보자. 외부 환경 등은 자기에게 유리하게 해석하기보다는, 관련 전문가나 코치 멘토 등을 활용하여 최대한 정확한 분석을 수행하는 것이 좋다. 강점과 약점은 개인의 장점, 강점, 전문성, 지식, 경험, 약점, 습관 등을 토대로 정리는 것이 좋다

| 성명:   조직: **20년** 월 일 | |
|---|---|
| 10년(20년) 뒤 나의 목표 | |
| S(Strenth) - - -강점 | W(Weakness) - - -약점 |
| 1)<br>2)<br>3)<br>4)<br>5) | 1)<br>2)<br>3)<br>4)<br>5) |
| O(Opportunities) - - -기회 요인 | T(Threats) - - -위협 |
| 1)<br>2)<br>3)<br>4)<br>5) | 1)<br>2)<br>3)<br>4)<br>5) |
| 목표달성을 위한 전략 도출 | |
| 1)<br>2)<br>3)<br>4)<br>5) | |

## 4-4. 포스데이타 멘토링 사례

포스데이타에서는 신입사원의 조직 적응도를 높이고 체계적인 업무기술을 전달하기 위해 2001년 8월부터 멘토링 제도를 도입·실시하고 있다.

이 회사에서는 기본적으로 신입사원과 모범 선배사원을 1:1로 연결시켜, 선배사원으로 하여금 신입사원을 양성하도록 책임을 부여하고 있다.

포스데이타에서 시행하고 있는 멘토링 제도의 주요 특징을 살펴보면 다음과
같다.


## 1. 멘토제 도입 배경

첫째, 신입사원들에 대한 체계적인 교육이 절실했다.

이 회사는 1999년부터 3년 동안 신입사원의 채용이 증가하면서, 이들에 대한
체계적인 관리의 필요성을 느끼게 되었다. 따라서 멘토링을 통한 지속적인 지도
와 후원으로 이들이 빠른 기간 내에 회사에 기여할 수 있도록 유도한 것이다.

둘째, 생산성 향상에 도움이 된다.

신입사원의 업무기술 습득을 가속화시킴으로써, 결과적으로 생산성을 향상시
키는 효과를 볼 수 있었다.

셋째, 구성원들의 업무 몰입도를 높일 수 있다.

멘제의 개인적인 문제나 고민을 멘토가 상담하고 해결해 줌으로써, 이들이 업
무에 집중할 수 있도록 유도했다.


## 2. 멘토의 자격

첫째, 멘제의 신뢰를 얻을 수 있는 인품과 업무경험, 기술을 가지고 있어야 한다.

둘째, 회사가 원하는 임무, 전략, 업무에 대한 목표 등을 정확히 이해하고 있어
야 한다.

셋째, 리더십 역량을 갖춘 3년 이상의 경력사원이어야 한다.

이 회사에서는 인사팀과 교육팀으로 구성된 멘토링 운영위원회로 하여금 위와
같은 세 가지 요건을 종합적으로 평가하여 멘토를 선정하도록 하고 있다.

## 3. 멘토의 역할

포스테이타에서 요구하는 멘토의 역할은 다음과 같이 크게 네 가지로 요약할
수 있다.
　① 교사 역할
　② 상담자 역할
　③ 코치 역할
　④ 스폰서 역할
또한 멘토는 주 1회 멘토링 활동에 대한 결과를 소속 부서장 및 인사팀에 보고
해야 하며, 3개월 후에는 최종적으로 소속 팀장이나 인사팀에 멘토링 결과 보고
서를 제출해야 한다.

## 4. 매칭 프로세스

이 회사에는 멘토와 멘제의 연결 효과를 극대화하기 위해 다음과 같은 매칭 프
로세스(Matching Process)를 적용하고 있다.
　① 신입사원을 채용하면 부서 배치 1~2주일 전에 인사팀에서 해당 팀에게 각
　　신입사원에 대한 인적사항을 통보하고 적절한 멘토를 추천하도록 의뢰한다.
　② 소속 팀장은 신입사원의 직무와 개인신상을 바탕으로 가장 적합한 멘토를
　　선정하여 담당임원의 승인을 받고, 인사팀에 통보한다. 이때 해당 팀에 적
　　절한 멘토 후보가 없을 경우, 타 팀장에게 협조를 요청할 수도 있다.
　③ 인사팀 또는 멘토링 운영위원회에서는 추천받은 멘토와 멘제가 서로 적합
　　한지를 고려하여 최종적으로 멘토를 임명하고 인사발령을 낸다.
　④ 교육팀 및 멘토링 운영위원회에서는 선발된 멘토들을 소집하여 멘토링 활
　　동에 대한 교육을 실시한다.

## 5. 회사 지원

포스데이타에서는 다음과 같이 회사 차원에서 멘토링 활동을 적극적으로 지원하고 있다.

① 월 10만 원 내에서 멘토링 활동비를 지원한다.
② 멘토를 대상으로 멘토 교육과정을 개설하여 멘토링 제도의 정의 및 도입 취지, 내용, 역할, 효과적인 멘토링 기법 등을 전달한다.
③ 멘토 운영위원회를 구성하여 매월 정기모임, 상담, 제도 개선 등을 통해 지속적이고 효과적으로 멘토링 활동을 지원한다.

결과적으로 포스데이타는 멘토링 제도를 통해 신입사원 조기 퇴사율을 16%에서 2.4%로 그리고 3년차에서는 1.8%로 감소시킬 수 있었다. 또한 개별적 밀착 관리를 통해 잠재적인 핵심인재의 조기 선별 및 회사에 대한 구성원들의 몰입도 강화, 세대 간 사고 및 생활방식의 상호 이해 등의 측면에서 큰 효과를 얻을 수 있었다.

**제5장**
**성과(Performance)가치 개발**

## 5-1. 성과의 정의

멘토링에서 성과(Performance)의 정의는 멘토/멘제가 멘토링 활동 기간 동안에 개인과 조직에서 얼마나 성과가 있는가를 평가하여 보여 주는 것을 말한다. 특히 멘토링에서 평가목적은 먼저 참여자의 포상만(벌은 배제)을 전제한다. 왜냐하면 정규업무를 다루면서 멘토링 활동까지 겸하기 때문이다.

## 5-2. 평가 착안점

멘토링의 이념은 타인을 배려하는 인간 존중이다. 먼저 상호 간 인격을 존중하면서 참여하는 멘토/멘제의 개인의 목표 대비 성과지표에 착안하고 그 다음 조직의 목표대 성과지표를 정하여 사전에 발표한다. 목표 대 실적평가는 추진팀, 모니터, 멘토/멘제 능 참여자들의 책임감 열정 볼입노를 높일 수 있는 것이다.

## 5-3. 타인 배려 평가

일반적으로 조직의 효율성을 위하여 구성원들을 경쟁-평가 등식을 활용하다 보니 치열한 경쟁의 후유증으로 구성원 간의 심한 갈등이 표출되고 있다. 멘토링

의 타인배려 평가방식은 경쟁-협력-평가라는 등식을 활용하여 참여자의 선의
의 경쟁은 유도하되 타인을 배려하는 협력에 우선을 둠으로 갈등을 사전에 방지
하고 성과를 얻게 되는 것이다
  -일반 조직체: 구성원의 경쟁-평가=성과와 갈등
  -멘토링 체제: 참여자의 경쟁-협력-평가=성과

  -경쟁의미: 타인과의 지나친 경쟁을 지양하고 자기와 경쟁을 유도하여 자신의
   역량 개발에 최우선을 두도록 한다.
  -협력의미: 타인을 배려, 즉 멘토는 자신의 핵심역량을 최대한 발휘하여 멘제
   를 자신보다 더 큰 리더로 개발한다.
  -평가의미: 멘토링 평가의 핵심은 개인의 인간성(Humanity) 평가와 조직의 생
   산성(Productivity) 평가의 상승률을 성과지표로 삼는 것이다.

  -인간성 평가: 만족도(업무 활동 관계 조직 애사심) 개인-PDI 조직-HRI
  -생산성 평가: 유지율, 정착률, 성과율, 확보율, 달성률, 회수율


## 5-4. 정성평가 프로그램

### 1) 개인 만족도 평가목적

멘토링 활동은 멘토/멘제의 개인 활동이 우선하고 참여자의 개인 만족도의 여
하에 따라 조직 만족도가 좌우됨으로 개인 인간성 평가가 우선된다.
  -평가명칭: 정성평가 개인 만족도 평가
  -평가방법: 4가지 만족도 진단도구를 사용하여 평가한다.
  -평가참여: 멘토/멘제
  -평가시점: 멘토링 활동 마감 즉시

## 2) 정성평가 개인 만족도 진단도구

| 구분 | 번호 | 진단도구 | 5 | 4 | 3 | 2 | 1 |
|---|---|---|---|---|---|---|---|
| 업무 | 1 | 현재 담당업무에 대한 만족도 | | | | | |
| | 2 | 상급자와 업무처리 협조 여부 | | | | | |
| | 3 | 담당업무 처리절차를 알고 있는 정도 | | | | | |
| | 4 | 타 부서와 업무 협조 여부 | | | | | |
| | 5 | 금번 멘토링을 통해 업무숙달 정도 | | | | | |
| 활동 | 1 | 활동기간 만족도 | | | | | |
| | 2 | 멘토/멘제 서로 활동 만족도 | | | | | |
| | 3 | 미팅 활동이 유익 여부 | | | | | |
| | 4 | 얼마나 개인 성장 여부 | | | | | |
| | 5 | 멘토링 활동에 다시 참가 여부 | | | | | |
| 관계 | 1 | 멘토/멘제 서로 관계 만족도 | | | | | |
| | 2 | 조직의 상급자와 관계 만족도 | | | | | |
| | 3 | 조직의 동료와 관계 만족도 | | | | | |
| | 4 | 가정식구들과 관계 만족도 | | | | | |
| | 5 | 사회 접촉사람과 관계 만족도 | | | | | |
| 조직 | 1 | 우리조직의 인간존중 만족도 | | | | | |
| | 2 | 내가 신뢰받고 있는 만족도 | | | | | |
| | 3 | 인사관리에 만족도 | | | | | |
| | 4 | 급여체계의 만족도 | | | | | |
| | 5 | 조직 CEO 리더십에 만족도 | | | | | |

# 5-5. 정량평가 프로그램

## 1) 조직 효율성 평가목적

조직에 적용되는 제도적 멘토링은 인간성 바탕 위에 생산성 효과를 얻는 게 목적이다.

특히 정량평가 기준은 경영 생산 효율성을 기반으로 하는 게 원칙이다.

- 평가명칭: 정량평가 조직의 효율성 평가
- 평가방법: 5가지 효율성 평가 지수에 의거하여 금번 해당되는 항목을 적용한다.
- 평가주관: 멘토링 전문관리자와 전문 컨설턴트
- 평가시점: 멘토링 활동 마감 즉시

－평가경비: 전문컨설턴트 인건비－자료수집 및 현장 출장비


## 2) 정량평가 효율성 평가 기준

| 구분 | 번호 | 진단도구 | 5 | 4 | 3 | 2 | 1 |
|---|---|---|---|---|---|---|---|
| 업무 | 1 | 현재담당업무에 만족도 | | | | | |
| | 2 | 상급자와 업무처리 협조 여부 | | | | | |
| | 3 | 담당업무 처리절차를 알고 있는 정도 | | | | | |
| | 4 | 타 부서와 업무협조 여부 | | | | | |
| | 5 | 금번 멘토링을 통해 업무숙달 정도 | | | | | |
| 활동 | 1 | 활동기간 만족도 | | | | | |
| | 2 | 멘토/멘제 서로 활동 만족도 | | | | | |
| | 3 | 미팅 활동이 유익 여부 | | | | | |
| | 4 | 얼마나 개인 성장 여부 | | | | | |
| | 5 | 멘토링 활동에 다시 참가 여부 | | | | | |
| 관계 | 1 | 멘토/멘제 서로 관계 만족도 | | | | | |
| | 2 | 조직의 상급자와 관계 만족도 | | | | | |
| | 3 | 조직의 동료와 관계 만족도 | | | | | |
| | 4 | 가정식구들과 관계 만족도 | | | | | |
| | 5 | 사회 접촉사람과 관계 만족도 | | | | | |
| 조직 | 1 | 우리조직의 인간존중 만족도 | | | | | |
| | 2 | 내가 신뢰받고 있는 만족도 | | | | | |
| | 3 | 인사관리에 만족도 | | | | | |
| | 4 | 급여체계의 만족도 | | | | | |
| | 5 | 조직 CEO 리더십에 만족도 | | | | | |


# 5－6. 삼성테크윈 멘토링 사례

　21세기 Digital 시대의 진정한 리더가 되기 위해 당사는 2000년 '삼성항공산업
㈜'에서 '삼성테크윈㈜'(Technology Winner)로 사명을 변경하고 World class의 제품
을 육성하기 위해 모든 역량을 집중하고 있다.

　특히 멀티미디어의 총아인 디지털카메라와 영상 정보기기, 반도체 부품 및 장
비 그리고 항공기 엔진에 이르기까지의 다양한 제품군(群)은 새로운 인재와 그에
맞는 인재상을 요구하고 있으며 그 결과로 최근 3년간 신입사원의 수는 급격히

늘어나고 있는 추세다.

## 1. 신입사원은 조기에 조직의 가치관을 공유해야

최근 입사하는 신입사원들의 성향은 기성세대에 비해 '자기중심적 개인주의'가 강하다는 반면에 보다 풍요롭고 안정된 사회 속에서 성장하여 온 까닭에 솔직하고 진지한 일면과 합리적인 사고방식을 갖고 있다는 점이다.

신입사원들은 자신들의 주장이 기업으로부터 받아들여지지 않는 데 대하여 당혹감을 느끼기도 하고 심지어 기업에 대한 실망을 느끼고 조직을 떠나는 사례가 늘고 있다. 즉 기업에 대한 소속감의 약화, 전직성향의 상승으로 나타나고 있는 것이다.

리처드 파스칼(Richard Pascale) 교수는 신입사원에 대하여 가능한 한 조기에 '회사 인간'으로 바꿀 것을 강조하고 있다. 신입사원의 특성인 가치관의 다양성은 존중하되, 영속적 성장이라는 명확한 조직의 목표를 갖고 있는 기업에 들어온 이상 하루빨리 그들의 가치관을 조직의 가치관에 맞도록 바꾸는 노력이 필요하다는 것이다.

즉 기업문화에 적응할 수 있는 인재를 채용하는 것이 가장 중요하겠지만 이미 채용한 신입사원에 대해서는 기업문화에 맞는 가치관을 가질 수 있도록 조기에 훈련과 교육이 필요하다고 강조하고 있다.

이를 위해 당사에서는 기존의 후견인제도를 보완하여 2003년부터 새로운 멘토링 프로그램을 도입, 운영하고 있다.

## 2. 업무 OJT와 병행하는 멘토링 프로그램

당사에서 운영 중인 멘토링 프로그램의 특징은 '업무 OJT를 겸한 멘토링'이라는 것이다. 일부에서는 멘토링은 업무와 무관하게 진행되어야 한다는 의견이 있으나 기업 입장에서는 1:1 인간관계를 통한 신입사원의 조기정착과 자연스런 업무 OJT가 가능하게끔 유도하는 것이 가장 합리적인 방법이라 여겨진다. 업무 지휘 관계의 특성상 인간관계 형성의 한계점은 분명 존재하게 되지만, 신입사원들이 일을 통해 조직에 정착하는 방법이 그 어떤 조기정착 유도 프로그램보다 질적 우위에 있다는 것은 모두 공감하는 부분이라고 생각한다.

원래 OJT가 '업무 Skill 전수'라는 과업 지향적 목표에 1:1 관계라는 인간적 유대를 가미한 것이라면, 멘토링은 인간적 교류를 통해 자연스럽게 업무 Skill을 전수하는 것으로 볼 수 있다. 즉 멘토링을 통해 보다 완성된 OJT조직을 운영할 수 있다는 점이다. 당사의 멘토링 제도는 그간 비공식적인 후견인을 지정하여 운영하던 방식을 수면 위로 끌어 올려 공식화한 점이 기존의 후견인 제도와 다른 점이라 할 수 있겠다. 모든 것이 낯설기만 한 신입사원들에게 누군가가 자신을 지켜 주고 돌봐 주고 있다는 사실은 커다란 힘이 되고 있으며, 실제로 신입사원들의 이직률이 줄어드는 결과를 가져오고 있다.

## 3. 멘토링 프로그램 설계

멘토링 프로그램을 설계할 때에는 기본적으로 다음의 4개 과정(4Process)을 따른다. 반드시 이 절차대로 진행되어야 하는 건 아니고 업체별로 실정에 맞게 선택할 수 있다.

- Process 1: 준비과정 — 활동기간 12개월 운영안 작성 — 사전검토 목표설정 과정 설계
- Process 2: 도입과정 — 멘토링 도입교육 및 간부 교육, 결연식 — 실행오리엔테이션단계
- Process 3: 활동과정 — 12개월 멘토/멘제 개인 미팅활동과 계간으로 전체 그룹 활동 프로그램, 중간 보수교육
- Process 4: 평가과정 — 정량평가와 정성평가 및 사후관리단계

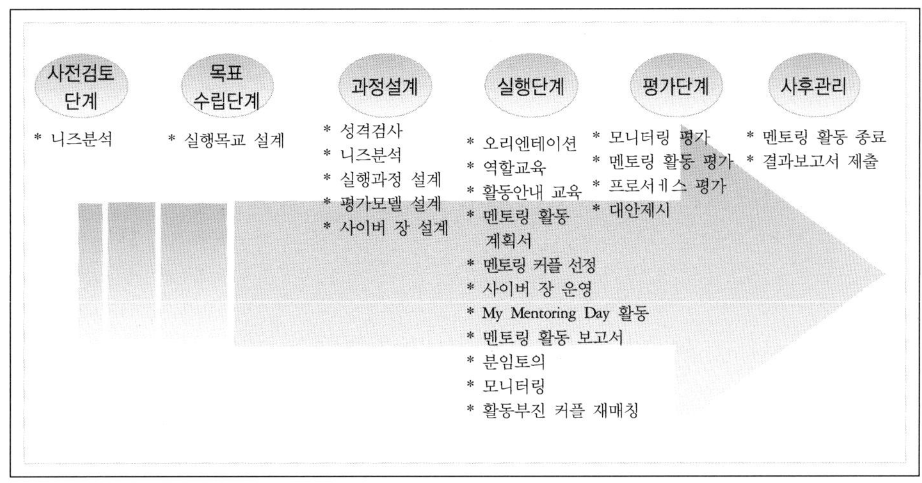



## 4. 멘토의 선정

당사의 멘토는 일정한 자격요건을 필요로 하며 인사부서와 신입사원의 부서장이 검토하여 최종 결정하게 된다. 멘토의 선정기준은

첫째, 인격적으로 신뢰가 가고 대인관계가 원만한 사람이어야 한다. 대인관계가 원만하지 못하거나 적극적이지 못한 사람이 멘토가 될 경우 잘못된 멘토의 의식과 행동을 그대로 답습할 우려가 있으며 또한 멘토의 가정이나 건강에 이상이 있는 경우에는 신입사원(멘제)의 본보기가 되기가 어렵기 때문이다.

둘째, 일정수준의 업무성과를 내는 사람이어야 한다. 이는 멘제에게 업무상 조언이 가능하고 노하우의 전수기 가능해야 하기 때문이다.

셋째, 조직에 대한 로열티 및 자기희생 그리고 솔신수범 의지가 강한 사람이어야 한다. 그래야 멘토와 멘제 모두 멘토링을 통해 자연스럽게 애사심이 고취되고 직무몰입의 자연적인 유도가 가능하기 때문이다.

마지막으로 회사 및 부서의 고유한 조직문화의 전수를 가능하게 하기 위해 1년 미만의 전입자와 징계를 받은 자를 멘토 선정 시 제외시키고 있다. 이렇게 선정된 멘투와 멘제는 경영진과 부서장들이 참석한 가운데 공식적인 결연식을 갖게 된다.

결연식 이후 멘토의 사원증(IC카드)에 'Mentor'라는 스티커를 부착해 줌으로써 주위의 사람들로 하여금 멘토의 존재를 인식할 수 있도록 부각시키고 있다.

## 5. 멘토링 오리엔테이션 내용

멘토와 멘제가 선정되고 나면 멘토링 전문기관을 통해 오리엔테이션을 실시하게 된다. 오리엔테이션은 멘토, 멘제의 개인적 성격유형을 여러 Typology 중 한 가지(DiSC, MBTI, 애니어그램, 5 Index 등)를 이용하여 서로의 장단점 및 유형을 확인한 후 단계별 멘토링 활동의 목표를 정하게 되는데 여기서 서로 간의 친밀도를 높이기 위한 기초적인 방법부터 비교적 장기적 목표인 업무적응 및 개인별 성장목표를 공유하여 언제 어떻게 목표들을 달성할 수 있을 것인가에 대한 진지한 논의가 시작된다.

멘토는 멘제에 대한 기본적인 사항들 — 입사동기, 가치관, 비전, 개인적 관심사 — 에 대한 정보를 얻게 되고 멘제는 멘토의 육성철학, 직무경험, 지도 스타일 등에 관한 정보를 획득하게 된다.

이렇게 서로 논의한 계획들을 사무국에 제출하고 멘토링의 공식적인 첫걸음을 내딛게 된다. 멘토링 활동이 시작되고 나면 6개월 후에는 멘토 보수교육이 진행된다. 보수교육은 외부 멘토링 전문가의 특강 및 성공 및 실패사례 공유 등으로 구성된다.

## 6. 단체 멘토링 활동으로 적극적 참여 유도

멘토링 활동에서 가장 중요한 것은 지속성이다. 업무상 바쁜 일정 때문에 멘토가 멘제와 충분한 시간을 갖지 못하게 되는 경우가 대부분이며 시간을 갖더라도 아주 짧은 경우가 많다. 그리고 멘토와 멘제가 서로 만나서 무엇을 함께 할 것인가에 대한 고민도 발생하게 된다.

이런 점들을 해결하기 위해 멘토링 사무국에서는 주기적으로 단체 멘토링 활동을 실시하고 있다. 원래 멘토링 활동 자체는 지극히 개인적인 것이지만 합동 멘토링을 통해 자신들 외의 다른 커플에 대한 활동 방법론에 대한 벤치마킹과 노하우를 공유하기도 한다.

　일종의 멘토링 활동의 독려 차원으로 이해하면 될 것이다. 단체 멘토링 활동의 내용으로는 등반, 운동경기, 스포츠 관람, 문화체험 등을 들 수 있으며 지난 2월에는 경영진과 멘토, 멘제들이 일주일간 릴레이 중식 간담회를 실시하기도 하였다.

## 7. 효과 및 문제점

　멘토링에서 기대되는 가장 큰 효과는 무엇보다도 신입사원들을 조직에 빨리 적응시키는 데 있다. 멘토링 프로그램을 도입하기 이전인 2001년과 2002년의 신입사원 이직률은 14.4%였으나 멘토링을 도입한 2003년 신입사원의 이직률은 6.3%로 줄어들었다. 물론 실업증가, 취업의 어려움 등 사회 전반적인 요소도 작용을 했겠지만 멘토링이 지대한 역할을 담당했다는 점은 부인할 수 없다.

　둘째, 그간의 인재육성 방식이었던 대량 교육체제가 1:1 맞춤교육 체제로 변하기 시작했다는 점이다. 개인별 니즈를 반영하는 맨투맨 관리만이 소중한 인재를 놓치지 않는 중요한 방법이라는 것을 회사가 인식하기 시작했다는 것이다.

　셋째, 멘토로 선정된 자들은 조직의 차세대 리더로서 리더십 체험을 해 보았다는 점이다. 이는 신입사원인 멘제뿐만 아니라 멘토들에게도 이직의 확률을 감소시켰으며 일선 조직관리 방식에 긍정적인 모델을 제시한 케이스라 볼 수 있다.

　이는 멘토들을 대상으로 한 설문에서도 확인할 수 있는데 전체 멘투의 70% 이상이 현재의 멘투링에 대해 긍정적인 자세를 취하고 있으며 부서장들 역시 멘토의 66% 이상이 업무상 높은 성과를 냈다고 답변하였다.

　반면 당사의 멘토링에 대한 문제점으로는

　첫째, 급격히 증가하는 멘제들에 비해 멘토의 숫자가 부족하다는 점이다. 멘토 Pool이 제대로 구축되지 않은 상황에서 성급하게 멘토와 멘제를 결연시키다 보니 극소수의 커플들이 일종의 의무감에 휩싸여 멘토링 활동의 본질을 왜곡하여 소기의 목적을 달성하는 데 어려움을 겪곤 하였다. 이 점은 멘토, 멘제의 결연방식에 대한 개선여지를 충분히 갖게 하는 점이다.

둘째, 부서 내에서 멘토링 활동이 자칫 다른 사람들과의 관계에서 위화감과 알력으로 작용할 수 있다는 점이다. 이것은 현실적으로 피하기 어려운 점이지만 멘토로 지정되지 않은 다른 사람들에게 차기 활동 시 멘토로 지원할 수 있는 여건을 조성해 줌으로써 해결할 수 있다고 생각된다.

셋째, 멘토링 대상자들과 사무국의 꾸준한 관심과 정성이다. 멘토링 활동이 일회성으로 끝나지 않고 지속될 수 있도록 정기적인 멘토링 행사를 확대 추진하고 사무국의 모니터링 방법을 다양화시켜야 한다.

## 8. 우수사례에 대한 지속적인 홍보 필요

멘토, 멘제와 더불어 멘토링에서의 또 하나의 중요한 역할은 해당 부서장들이다. 부서장이 멘토링에 대한 이해가 부족하면 해당 커플은 멘토링 활동에 어려움을 겪게 된다. 이에 당사는 멘토링 도입 시에 부서장의 멘토링에 대한 올바른 개념과 부서장으로서의 역할 등에 대해 사전 교육을 시행함으로써 멘토링 활동에 대한 공감대를 형성시켰으며, 사무국에서는 주기적으로 커플별 활동에 대한 피드백을 해 주어 부서장의 관심을 지속시키고 격려를 가능케 하였다.

또한 사내 인트라넷으로 멘토링 홈페이지를 구축하여 각종 정보를 제공하고 서로의 활동을 공유할 수 있도록 하였으며, 사내 기획방송을 통해 전 사원에게 멘토링 활동을 홍보하기도 하였다. 작년 연말에는 멘토, 멘제의 멘토링 활동 사진을 모아 기념 캘린더를 제작하여 배포하기도 하였다.

이런 모든 홍보활동은 개인적·비공식적 활동이라는 멘토링의 약점을 극복할 수 있는 좋은 방법이며 주위의 관심을 지속시킬 수 있는 대안이기도 하다. 주위의 관심이 사라지게 되면 자연스레 멘토링 활동이 위축될 수 있는 가능성이 높기 때문이다. 경영진을 포함하여 전 사원에게 멘토링 활동의 우수사례를 다양한 매체를 활용하여 꾸준히 홍보하는 것이 멘토링 사후관리의 핵심이라 할 수 있다.

## 9. 성공적인 멘토링을 위한 방안

성공적인 멘토링 도입을 위한 방안으로는

우선 멘토링에 대한 충분한 사전 검토와 준비가 필요하다. 조직 내에 도입하려는 멘토링의 목적이 신입사원들의 분위기 적응을 위한 것인지 핵심인재의 육성에 관한 것인지 명확히 정립해야 한다.

또한 멘토의 자질을 갖춘 사람이 조직 내에 얼마만큼 있는지, 새로운 멘토 pool의 구축이 용이한지에 대한 검토도 필요하다고 본다. 멘토링을 도입한 후 멘토가 없거나 부족하다면 멘제들의 적응과 성장에 어려움이 발생할 수 있다.

둘째, 멘토링에 대한 명확한 이해가 전제되어야 한다. 멘토와 멘제뿐만 아니라 부서장, 경영진에게 이들의 존재를 알리고 활동내용에 대한 피드백을 지속시켜야 한다. 또한 멘토는 지시자가 아닌 파트너로서의 자세를 견지할 필요가 있다. 일방적인 지시보다는 멘제가 갖고 있는 문제의 현상을 제대로 알려 줘야 하며 멘제 스스로 주인의식을 갖고 생활하도록 유도하여야 한다.

마지막으로 정기적인 멘토링 효과분석과 성과에 대한 적절한 인정과 보상이 필요하다. 멘토링 활동 과정이나 결과에 대한 엄격한 평가가 주기적으로 진행되어야 하며 그 결과에 따라 금전적·비금전적 보상도 함께 동반되게 된다면 그 효과가 배가될 것이다.

당사에서는 멘토링 제도가 조직활성화 및 생산성 향상, 일선 조직관리에 긍정적이라는 판단 아래 사업장 고유문화로 정착시키기 위해 온 힘을 기울이고 있으며, 향후 신입사원뿐만 아니라 경력사원에게도 확대 적용할 계획이다.

<글: 멘토링 담당 김준현 과장>

# 제 3 부
## 멘토링 인간가치 개발 명상록

오늘날 일상적인 학교생활이나 직장생활이 학습과 업무 위주의 딱딱한 논리분야에 치중하다 보니 모두 마음상태가 비판과 냉정에 치우쳐진 상태다. 멘토링 활동에서는 이 점을 보완하기 위하여 감동적인 면을 강조하는 명상록 형태의 글을 모아 소개했다. 특히 인격적인 분야를 감안하여 전문, 정서, 의지 분야를 균형 있게 담았고 기간적으로도 12개월 52주로 나누어 명상의 분위기와 기간을 균형 있게 조절했나.

## 1-1. 1월 Weekly 명상록(Meditation)

■ **1월, 명사의 명언: 사랑이 그대 곁에 머물 때.**

- 사랑이란 두 개의 고독한 영혼이 서로 지키고, 접촉하고, 기쁨을 나누는 데 있다.

-릴케

- 인간의 사랑은 인간의 위대한 영혼을 더욱 위대한 것으로 만든다.

-쉴러

- 가장 완성된 사람은 모든 사람을 사랑하는 사람이다. 그 사람들이 좋건 나쁘건 가리는 일 없이 모든 사람에게 착한 일을 하는 사람이다.

-마호메트

1) 1주: 멘토 인기 7가지 이유

(1) 멘토는 멘제가 삶의 전환기를 통해 성장하도록 돕는다.

(2) 멘토는 멘제의 기술을 증진시킨다.

(3) 멘토는 멘제가 소속한 팀을 세운다.

(4) 멘토는 멘제의 비전을 자극한다.

(5) 멘토는 멘제에게 사랑 안에서 진실을 말한다.

(6) 멘토는 멘제의 향상을 촉진한다.

(7) 교회 멘토는 영적 여정 가운데 있는 크리스천 멘제를 인도한다.


## 2) 2주: 멘토의 10계명(존 C. 크로스비)

(1) 전능자의 역할을 하려 하지 말라.

(2) 교사의 역할을 하려 하지 말라.

(3) 어머니 혹은 아버지의 역할을 하려 하지 말라.

(4) 당신의 몸으로 거짓말하지 말라.

(5) 적극적으로 듣는 시간은 거룩한 시간이며, 매시간 그렇게 들어라.

(6) 판단하려 하지 말라.

(7) 반복해서 실망했다는 이유로 열정을 잃지 말라.

(8) 동정하지 말고 공감하라.

(9) 당신이 산을 옮길 수 있다고 믿지 말라.

(10) 네 이웃의 멘제와 이웃의 성공을 질투하지 말라.


## 3) 3주: 멘제의 마음

(1) 용기를 가져야 한다. ─ 용기란 희망을 잃지 않고 시간을 투자할 가치가 있는 목표를 추구하는 일종의 추진력이다.

(2) 인내해야 한다. ─ 인내란 목적한 바를 성취하기까지 계속적으로 추구하는 것을 의미한다.

(3) 감사해야 한다. ─ 감사란 멘토로부터 받은 은혜를 아는 것이다.

(4) 침착해야 한다. ─ 침착이란 위급하거나 당혹스러운 상황에서도 두려워하지 않고 차분하게 대응하는 태도이다.

(5) 친절해야 한다. ─ 친절이란 멘토의 기분을 고려할 줄 아는 태도를 의미한다.

(6) 참된 존경심을 가져야 한다. ─ 존경심이란 멘토의 필요에 우선적인 관심을 기울이는 한편 베풀어 주는 은혜에 참된 존경심을 가져야 하는 것을 의미한다.

4) 4주: 멘토의 7가지 선물(Tim Elmore)

여러 해 동안 나는 훌륭한 멘토가 멘제에게 줄 수 있는 선물을 간결하게 정리해 보려고 시도했다. 모든 멘토링 관계가 다 독특하겠지만, 멘토가 멘제의 삶에 진정으로 투자하기를 원한다면, 거기에는 멘제에게 전해져야 할 보편적인 요소들이 있다고 믿는다. 다음에 제시되는 일곱 가지 범주의 내용은 일반적인 상황에서 실행해야 할 가이드라인이 된다.

(1) 책임감(Accountability)

이것은 멘제가 하나님께 헌신하도록 책임진다는 의미이다. 이는 모임 때마다 힘든 질문을 준비하여 각 질문에 멘제가 정직하게 대답하도록 유도해야 함을 의미하기도 한다.

(2) 확신(Affirmation)

이것은 멘제에게 격려와 사랑, 그리고 지원의 말을 해 주어야 함을 의미하는데, 멘제에게 있는 강점, 그들의 사고, 감당하고 있는 사역, 묵묵한 순종을 긍정해 주는 것이다.

(3) 평가(Assessment)

이것은 멘제의 현재 상태를 객관적으로 검토하여, 당신이 보는 관점에서 멘제를 평가하는 것을 말한다. 이것은 멘제로 하여금 자신을 외부의 관점으로부터 객관적으로 볼 수 있는 시각을 제공해 준다.

(4) 충고(Advice)

이것은 지혜로운 충고의 말을 해 주고, 선택의 여지를 제공해 주는 것이다. 그리고 멘제의 삶을 위해 앞으로 나아갈 방향과 길을 알려 주는 것이다.

(5) 훈계(Admoishment)

이것은 당신이나 멘제가 미처 예상 못 할 수도 있는 함정을 피해 갈 수 있도록 주의와 경고의 말을 해 주는 것을 말한다. 그리고 잘못된 점을 바로잡아 주는 것을 의미할 수도 있다.

(6) 가치 있는 것(Assets)

이것은 멘제에게 활용할 수 있는 자료, 선물, 도구ー 책, 테이프, 목회자료, 소개해 주고 싶은 사람-를 제공하는 것을 말한다.

(7) 적용(Application)

이것은 그들이 습득한 진리를 삶에 적용할 수 있도록 올바른 방향을 지시해 주는 것을 말한다. 배운 것을 실습해 볼 수 있는 실험실을 찾도록 도와주는 것을 의미하기도 한다.


## 1-2. 2월 Weekly 명상록(Meditation)

■ 2월, 명사의 명언: **고통 속에 행복 있다.**

- 행복한 생활이란 대체로 고요한 생활이어야 한다. 왜냐하면 고요하다는 그 분위기 속에서만이 참다운 환희가 살아날 수 있기 때문이다.

-러셀

- 불안한 마음으로 풍부하게 사느니보다도 나는 두려움과 걱정 없이 부족한 생활을 하는 것이 오히려 행복하다.

-에픽테토스

- 고뇌를 거치지 않고는 행복을 파악할 수가 없습니다. 황금이 불로 정제되는 것처럼 이상도 고뇌를 거침으로써 순화되는 겁니다. 천상의 왕국은 노력에 의해 얻어지는 것입니다.

-도스토옙스키


1) 1주: 멘토는? -Bobb Biehl

(1) 멘토는

그저 어머니와 아버지와 같은 사람들이라기보다는 당신을 잘 돌보아 주는 아주머니, 아저씨와 같은 사람들이라고 할 수 있다.

(2) 멘토는

우리의 고통을 함께 나누고 우리의 성공을 진심으로 기뻐해 줄 수 있는 사람이다.

(3) 멘토는

우리를 깊이 사랑하고 우리의 무한한 잠재력을 볼 수 있으며 우리를 격려하고 필요할 때 바로잡아 주며 인생에 대하여 사심 없이 가르쳐 주고 우리 인생의 참된 친구가 되어 주는 사람이다.


### 2) 2주: 훌륭한 멘토의 특징은?

(1) 자신의 가치관을 의식하고 있다.

(2) 자기 인식을 잘 한다.

(3) 항상 배우려 한다.

(4) 진취적이다.

(5) 현실적으로 낙관적이다.

(6) 변화에 대하여 열정적이다.

(7) 행동 지향적이다.

(8) 융통성이 있다.

(9) 직설적일 수 있을 만큼 용감하다.

(10) 진정으로 돌보려는 마음이 있다.

(11) 신뢰할 만하고 존경받는다.


### 3) 3주: 훌륭한 멘토기 잘히는 것은?

(1) 자신의 가치관을 인식하고 있다.

(2) 조심스럽게 경청하고 신뢰할 만한 피드백을 해 준다.

(3) 질문을 하고 각기 다른 방법으로 각 사람의 경험과 욕구를 평가한다.

(4) 주의가 산만해지는 것을 피하고 정해진 시간을 지키기 위해 대화의 초점을 잃지 않는다.

(5) 멘제가 미래를 계획하고, 자신의 사명을 명확히 하며, 기술을 향상시키고,

목표에 도달하도록 도와준다.

(6) 대화를 독점하거나 자신에 대하여 말하며 충고하고 싶은 유혹을 자제한다.

(7) 인식과 책임 그리고 변화를 자극한다.

(8) 과거가 아니라 현재와 미래에 초점을 맞춘다.

(9) 신뢰할 만하고 유용하며, 솔직하고, 성실한 삶에 헌신하고 있다.

(10) 낙관주의를 격려하고 보여 준다.

(11) 사랑 안에서 진실을 말한다.

(12) 협력과 훌륭한 의사소통을 목표로 한다.

(13) 비밀을 지킨다.

(14) 교회 멘토는 멘제의 개인적 영성과 하나님과 동행하는 정도를 신중히 보살 피기 위해 대화를 유도한다.


## 4) 4주: 우리 회사 모범 멘토는?

(1) 멘토는 한 개인을 지원하고 그 사람의 성장에 관여하는 사람이다. 구체적으로 멘제의 인간가치를 업그레이드시키는 사람이다.

(2) 멘토는 상급자로서가 아닌 한 사람으로서 멘제 개인을 염려한다.

(3) 멘토는 멘제 한 개인의 업무만이 아닌, 삶의 전반적인 발전을 돕는다.

(4) 멘토는 권한이나 권력을 기반으로 하는 관계가 아닌, 특수관계를 멘제와 맺는다. 멘토는 멘제의 말을 경청하고 질문을 받고 나서야 조언을 한다. 개인적인 판단이나 비난을 배제한 뒤 멘토의 조언이 이루어질 것이다.

(5) 멘토는 무엇보다도 인간관계에 초점을 맞춘다. 멘토가 멘제와 맺은 관계에는 어떠한 사적인 이권이나 멘제에 대한 위기적인 사항도 있어서는 안 된다. 멘제 개인의 발전을 바라며, 애초에 멘제의 편에서 관계가 시작되기 때문이다.

(6) 멘토는 신뢰받는 친구이자 선생님이며 안내자이고 역할 모델이다. 멘토는 멘제에게 전달하고자 미리 준비된 지식을 소유하고 있는 전문가이거나, 적어도 자신의 분야에서는 어느 정도 지위에 오른 사람이고, 주변 동료들에

의해서도 그렇게 인정받는 사람이다.

(7) 멘토는 본래 멘제의 특성과 잠재력을 개발하며, 경쟁이 아니라 도와주는 존재다. 멘토는 인내심을 가지고 자신을 돌보는 멘제에게 도전하도록 권하며, 나름의 견해를 가지고 열의를 보여 준다. 또한 미래에 대한 포부를 가지고 있으면서도 현재의 명확한 초점을 유지한다.

(8) 멘토는 자신이 선택한 회사와 고용관계, 공적인 거래 또는 직업의 대한 소명의식을 가지고, 회사를 사랑한다. 동시에 회사의 취약점을 인정하고 멘제가 그 취약점에 대치할 수 있게 건설적으로 도와준다.


# 1-3. 3월 Weekly 명상록(Meditation)

■ **3월, 명사의 명언: 한밤에도 빛은 존재한다.**

– 아무리 적은 것도 이를 만들지 않으면 깨닫지 못한다. 노력과 배움, 이것이 없이는 인생을 밝힐 수 없다.

–맹자

– 진리도 때로는 우리를 다치게 할 때가 있다. 그러나 그것은 머지않아 치료를 받을 수 있는 가벼운 상처다.

–앙드레 지드

– 신리는 인간이 보존하는 최고의 깃이다.

초오서


## 1) 1주: 3월에 한 사람을 위한 멘토

3월은 졸업, 입학, 입사, 전입, 진급, 파견, 전보 등 자리가 바뀌는 사람들이 많은 달입니다.

새로운 환경 속으로 들어오는 한 사람을 위해 그중에서도 가장 낮고 힘없는 한 사람을 위해 당신이 멘토가 되어 주지 않으시렵니까?

멘토는 이렇게 말하지 않습니다. "겨우 한 사람을 위해서?" "일개 사원을 위해서?"


## 2) 2주: 포기하지 않는 멘토

시냇가에 나가 보면 매끄러운 조약돌이 많이 있습니다.

그 예쁘고 고운 조약돌도 처음에는 험상궂고 거친 돌멩이였을 것입니다.

거친 돌멩이가 매끄러운 조약돌이 되기까지 겪어 왔을 그 엄청난 시련.

그 시련을 겪고 난 다음에야 비로소 예쁘고 고운 조약돌이 될 수 있었다는 걸 생각하면 인생에 있어 약간의 실패는 나중에 올 더 큰 기쁨을 위한 준비 과정이라 해도 무방합니다. 실패를 딛고 일어나 다시금 도전하는 자세, 즉 실패를 극복하고자 하는 자신의 의지에 따라 삶의 모양새는 결정된다는 것이지요.

다듬어지지 않은 멘제를 위한 멘토의 마음가짐입니다.


## 3) 3주: 멘제가 지켜야 할 7가지 에티켓

(1) 자신의 목표를 분명하게 설정할 것.

(2) 멘토의 시간을 배려할 것. 전화통화와 이메일은 제때에 신속하게 응답할 것. 멘토로 하여금 추가의 시간 또는 활동을 제시하도록 할 것.

(3) 멘토가 말하고자 하는 모든 내용을 주의 깊게 경청할 것. 관련 없는 내용이라고 생각되는 것들도 장래에 쓸모 있을 때를 대비하여 우선 끝까지 듣고 기억 속에 저장해 놓을 것.

(4) 코멘트나 설명을 할 때 간결하면 서도 완전한 내용을 말할 것. 내가 말이 많지 않은지 직접 물어볼 것.

(5) 자신이 받은 모든 충고를 진지하게 생각할 것.

(6) 멘토가 준 도움을 실제로 활용해 보았다는 증거를 보여 줄 것. 심지어 자신이 다른 대안을 선택하더라도 멘토의 도움을 어떻게 활용했는지 멘토에게 설명해 줄 것.

(7) 멘토가 멘제에게 준 유형, 무형의 모든 지원에 감사할 것. 감사하다고 말하고, 다른 사람들 앞에서 칭찬하고, 감사편지를 보낼 것.

4) 4주: 멘토의 에티켓 12

(1) 멘제가 멘토링 관계를 주도하도록 할 것. 멘제의 아이디어, 주제 논의 등에
    열린 마음을 가지고 대할 것. 멘제가 멘토를 관리하는 방법도 배우도록 도
    와줄 것.

(2) 멘제의 시간을 자신의 시간처럼 존중할 것.

(3) 멘토 자신의 요구와 한계를 분명히 밝힐 것.

    (예: 시간제약, 상호작용 스타일 등)

(4) 제안해도 좋은지, 비평해도 좋은지를 항상 물어볼 것.

(5) 멘제에게 멘토의 제안을 모두 실행할 것을 기대하지는 않는다고 말해줄 것.

(6) 멘제가 자신의 목표(멘토의 목표가 아닌)를 향해 움직이도록 할 것.

(7) 멘제가 직접적으로 준 도움과 그 밖에 취한 조치에 대하여 감사를 표현할 것.

(8) 갈등이 있을 때 이를 인정하고 해결할 것. 멘제에게 토론 시 다른 의견을 제
    시해도 좋다고 이야기해 줄 것. 필요하면 제3자의 지원을 요청할 것.

(9) 멘토/멘제 관계를 인간적인 관계로 유지할 것.

(10) 다른 사람에게 멘제 얘기를 할 때는 긍정적이고 중립적인 코멘트만을 할
     것. 멘제의 행동이나 가치관에 대해 이견이 있다면, 멘제에게 직접 당신의
     견해를 밝히고 의논할 것.
     그래도 멘제가 바뀌지 않으면, 관계종결의 단계를 밟고, 다른 멘토를 찾아
     주도록 할 것.

(11) 12개월이 지나면 관계(적어도 멘토/멘제 측면)를 끝낼 준비를 할 것(상호
     합의한 경우 그전에 관계를 종료시킬 수 있음! 공식적인 기간만을 의미함).

(12) 나중에 다시 멘제가 나를 찾아올 수 있도록 문호를 개방할 것.


5) 5주: 멘제의 효과적인 질문 14Tip

(1) 멘토님이 성공하는 데 가장 도움이 되었던 것은 무엇이었습니까?

(2) 제게 추천할 만한 교육과징이 있다면 특히 어떤 과정이 도움이 될 것이라고
    생각하십니까?

(3) 제가 어떤 지식이나 기술을 습득해야 할까요?

(4) 멘토님은 근무시간을 어떻게 보내십니까?

(5) 멘토님은 근무 외 시간을 어떻게 보내십니까?

(6) 멘토님은 업무에서 가장 마음에 드는 부분은 어떤 것입니까?

(7) 멘토님은 업무 또는 최근 삶 속에서 가장 어렵게 느껴지는 부분은 어떤 것입니까?

(8) 만약 멘토님이 업무 또는 최근 삶 속에서 변화시킬 수 있는 것이 있다면 그것은 무엇입니까?

(9) 일을 하면서 멘토님은 어떤 기술(또는 전문분야)을 가장 많이 사용합니까?

(10) 멘토님은 조직에서 어떤 기술(또는 전공분야)을 배웠으며, 조직 밖에서 배울 필요가 있는 기술(또는 전문분야)은 무엇입니까?

(11) 멘토님은 어떻게 이 분야(또는 이 공직)로 진로를 결정하게 되었습니까?

(12) 멘토님은 현재 직업(또는 전공)을 결정하게 된 이유는 무엇입니까? 저도 멘토님 같은 직업(또는 전문분야)을 갖기를 원한다면 어떻게 해야 할까요?

(13) 멘토님도 과거나 현재 도움 받는 멘토나 역할 모델이 있었습니까?

(14) 멘토님에게 도움을 주었던 멘토나 상사로부터 받은 가장 소중한 교훈은 무엇입니까?


## 1-4. 4월 Weekly 명상록(Meditation)

■ **4월, 명사의 명언: 또 다른 인생을 꿈꾸는 시간에**

-인생은 고독, 그것이다. 왜냐하면 인생은 남을 잘 모르기 때문이다.

-헤세

-앞으로 다가올지 모르는 불행을 미리 근심하는 것보다 눈앞의 불행을 이겨내려는 마음을 갖는 것이 더 현명한 것이다.

-라 로슈코프

－인생은 한 권의 책과 같다. 바보들은 아무렇게나 책장을 넘기지만 현명한 사
  람은 공들여 읽는다. 왜냐하면 그들은 단 한 번밖에 그것을 읽지 못함을 알
  고 있기 때문이다.

－장 파울

1) 1주: 젊은이에게 주는 10가지 조언 －빌 게이츠

(1) 인생은 원래 공평하지 않다. 그런 현실에 익숙해져라.

(2) 세상은 당신의 자부심에 관심이 없다. 당신이 스스로를 어떻게 평가하든 세
  상은 오직 당신이 뭔가 이뤄 내기만을 기대할 뿐이다.

(3) 졸업장만 있으면 당장 연봉 4만 달러를 받을 수 있을 거라고 상상하지 말라.

(4) 그동안 학교 선생님이 깐깐하다고 생각했다면 사회에서 상사를 한번 겪어
  보라.

(5) 햄버거 뒤집는 일은 존엄성을 해치는 일은 아니다. 당신의 할아버지는 그
  일을 기회라고 생각했다.

(6) 당신의 일을 그르쳤다면 그건 부모의 탓이 아니다. 불평을 늘어놓지 말고
  잘못에서 교훈을 찾아라.

(7) 학교에서는 승자와 패자를 구분하지 않을지 모른다. 어떤 학교에서는 낙제
  등급을 없애고 답을 맞힐 때까지 계속 기회를 준다. 그러나 이는 현실과는
  전혀 닮은 점이 없다.

(8) 인생은 학기처럼 구분되어 있지 않다. 여름방학도 없고 당신이 자신을 찾도
  록 도와주는 데 관심을 가진 사람은 없다. 그런 일은 혼자서 하라.

(9) 현실은 TV와 다르다. 현실에서는 커피숍에서 노닥거리는 대신 직장에서는
  일을 해야 한다.

(10) 얼간이들에게 잘 보여라. 그런 얼간이를 위해 일해야 할 때가 많으니까?

2) 2주: 상대방을 설득하는 방법

(1) 논쟁을 피하고 겸손하게 말하라.

(2) 상대방의 실수를 지적하지 말라.

(3) 자신의 실수를 인정하라.

(4) 상대가 '예'라고 대답할 수 있는 이야기부터 시작하라.

(5) 상대방의 입장에서 생각하라.

(6) 상대방이 생각해 내도록 유도하라.

(7) 상대방에게 진심을 표시하라.

(8) 상대방이 소중한 존재임을 알게 하라.

(9) 솔직한 마음으로 칭찬하라.

(10) 삶을 아름답게 연출하라.


## 3) 3주: 칭찬을 해야 하는 10가지 이유

(1) 칭찬은 기쁨을 준다.

(2) 칭찬은 가치를 인정해 준다.

(3) 칭찬은 마음을 잘 알아준다.

(4) 칭찬은 원하는 것을 알아 준다.

(5) 칭찬은 우월감을 채워 준다.

(6) 칭찬은 명예심을 높여 준다.

(7) 칭찬은 행한 일을 알아준다.

(8) 칭찬은 자존심을 높여 준다.

(9) 칭찬은 자신감을 갖게 해준다.

(10) 칭찬은 뜻밖의 기쁨을 준다.


## 4) 4주: 즐거운 대화 나누기 10가지 방법

(1) 밝은 주제를 가지고 이야기를 나눈다.

(2) 환한 미소를 주고받는다.

(3) 삶에 도움이 되는 이야기를 나눈다.

(4) 대화를 나눌 때 의견이 활발히 오고 가야 한다.

(5) 자기의 의견만 고집하지 않는다.

(6) 솔직하게 의사 표시를 한다.

(7) 긍정적으로 맞장구를 친다.

(8) 칭찬할 일이 있으면 기쁜 마음으로 칭찬을 한다.

(9) 같은 말을 지루하게 반복하지 않는다.

(10) 공감할 수 있는 대화를 나눈다.

## 2-1. 5월 Weekly 명상록(Meditation)

■ **5월, 명사의 명언: 삶의 등불을 밝히고**

－진리는 거대한 횃불이다. 그런 까닭에 모두들 눈을 가늘게 뜨고 그 곁을 지나치려 한다. 화상이라도 입을까 조심하면서.

－괴테

－가장 깊은 진리는 가장 깊은 사랑에 의해서만 열린다.

－하이네

－시간은 금이다. 그러나 한 푼의 가치도 없는 일 년이 있는가 하면, 수만금을 쌓아도 마음대로 할 수 없는 반시간이 있다. 시간에도 여러 가지 시간이 있는 법이다.

－톨스토이

### 1) 1주: 인간관계가 성공원인

(1) 성공하는 사람들의 공통점인 인간관계.

좋은 인간관계의 시작은 내 곁에 항상 있는 사람입니다. 어렸을 때 종종 듣던 "공부 잘하는 친구하고만 놀아라"는 말. 잘난 친구들을 찾다가, 결국 혼자서 놀게 되던 그 시절이 생각납니다. － 대인관계 기술은 성공의 비결이다.

* 자기가 수립한 성공 원인조사 보고*

| 카네기 공대 보고 | 하버드 대학교의 조사 보고 | Dr. A. E. Wiggan의 보고 |
|---|---|---|
| 성공한 사람 10,000명 중<br>15%: 능력원인<br>85%: 인간관계가 성공원인 | 10,000명 중<br>10%: 능력원인<br>90%: 인간관계가 성공원인 | 10,000명 중<br>10%: 능력원인<br>90%: 인간관계가 성공원인 |

2) 2주: 인간관계 촉진 대화법

(1) 먼저 다가가서 말을 걸어야 한다.

(2) 밝고 시원시원하게 말한다.

(3) 기분을 전환하는 한마디를 기억해 둔다. 소망과 기쁨을 주는 언어를 나눈다.

(4) 모든 것을 긍정적으로 표현한다.

(5) 상대방이 알기 쉽게 말한다.

(6) 성실하게 열심히 말한다.

(7) '당신의 덕분에'의 마음으로 감사하며 말한다.

(8) 말하기 전에 상대방을 주시하고 있음을 의식하게 한다.

(9) 억지로 모양을 내거나 오만하게 행동하지 않는다.

(10) 잘못된 점이 있으면 솔직하게 있는 모습 그대로 사과한다.


3) 3주: 허준과 유의태의 인간관계

허준(멘세)이 부럽습니다.

유의태(멘토)가 부럽습니다.

스승의 말씀을 하늘의 소리처럼 받아 섬기던 제자가 있었습니다.

꾸짖으시면 온종일 꿇어앉아 빌고 분부라면 죽음도 두려워 않던 이가 있었습니다.

스승 또한 보통 어른이 아니었지요. 오로지 태도와 실력만을 기준으로 아들 대신 제자의 손을 들어 줍니다.

죽음에 이르러서는 제자의 공부를 위해 자신의 몸까지 선뜻 내어놓고 떠나갑니다.

그렇습니다. 몇 년 전 우리 모두의 눈과 귀를 사로잡았던 드라마 <허준> 이야기입니다.

어려가지 인간관계의 소중함을 일깨워 큰 감동을 남겼지요.

그 가운데서도 스승 '유의태'와 제자 '허준'이 사랑하고 공경하는 모습은 실로 아름다웠습니다.

역사적 사실과는 거리가 있다며 평가절하하진 맙시다.

설사, 거짓이라 해도 믿고 싶고 꾸며졌다 해도 고스란히 본받고 싶은 이야기이니까요.

솔직히, 그 주인공이 부러운 요즘입니다. '허준'이 되고 싶고 '유의태'가 되고 싶은 오늘입니다.


4) 4주: 멘토링의 윈윈 파트너십: 스티븐 스토웰

확신에 차 있다는 것은 자신의 약점과 강점을 알고 있음을 의미한다.

그래서 확신에 찬 사람들은 자신의 강점을 키우고 상대방도 그럴 수 있게 만든다.

그들은 상대방의 강점을 위협이 아닌 자신의 재산으로 여긴다.

확신에 찬 사람은 상대방을 수용하고 자신과 같이 변화하라고 강요하지 않는다.

상대방도 이 세상에서 자신만큼 가치가 있다는 것을 인정한다.

아무리 작은 일도 동반자가 필요합니다.

큰일을 이루려면 더 말할 것도 없습니다. 혼자서는 안 됩니다.

서로의 강점을 인정해 주고, 서로의 약점을 가려 주고 보완해 가면서 성취를 이루어 나가는 것이 함께 성장하고 승리하는 윈윈(Win-Win) 파트너십입니다.


## 2-2. 6월 Weekly 명상록(Meditation)


■ **6월, 명사의 명언 - 사랑한다는 것만으로**

- 사랑은 자기희생 없이 생각할 수 없는 것이다.

- 도스토옙스키

- 사랑은 신뢰의 행위다. 신이 존재하느냐 않느냐는 아무래도 좋다. 믿으니까
  믿는 것이다. 사랑하니까 사랑하는 것이다. 대단한 이유는 없다.

- 로망 롤랑

- 사랑은 어떤 점에선 짐승을 인간으로 만들고, 또 다른 점에선 인간을 짐승
  으로 만든다.

- 셰익스피어

## 1) 1주: 향내 나는 멘토가 되자

어떤 사람은 그에게서 향내가 느껴진다.

어떤 사람은 그에게서 생선냄새가 난다.

어떤 사람은 그를 만나면 저절로 기가 살고 신바람이 난다.

어떤 사람은 그를 만나면 기가 죽고 마음이 찝찝해진다.

향내 나는 사람은 그에게서 신기하게도 즐거움이 느껴진다.

향내 나는 사람은 그에게서 신기하게도 여유로움이 느껴진다.

향내 나는 사람은 그에게서 신기하게도 인간미가 느껴진다.

향내 나는 사람은 그에게서 신기하게도 배려가 느껴진다.

향내 나는 사람은 그에게서 신기하게도 희망이 느껴진다.

향내 나는 사람은 그에게서 신기하게도 사랑이 느껴진다.

그 사람을 만나면 무언가 좋은 일이 생길 것 같아진다.

그 사람을 만나면 무언가 새로운 일이 생길 것 같아진다.

그 사람을 만나면 무언가 희망찬 일이 생길 것 같아진다.

그 사람을 만나면 무언가 재미있는 일이 생길 것 같아진다.

그런 멘토가 되어야 한다.

그런 분위기를 만들어 나가는 멘토링을 해야 한다.

생선가게에서 며칠간 놀다가 집에 오니 내 몸에서 생선냄새가 난다고 한다.

꽃가게에서 몇 시간 놀다가 집에 오니 내 몸에서 꽃향내가 난다고 한다.

향내 나는 멘토에게서 멘토링을 받았더니 어느덧 나도 향내 나는 멘토가 되어

있다.

그런 향내 나는 멘토가 되자.


### 2) 2주: **멘토 마음의 그릇(1)**

멘토는 멘제의 단점을 찾으려는 교정자가 되어서는 안 됩니다.

멘제의 단점을 찾으려는 멘토는 누구를 대하든 나쁘게만 보려 합니다.

그래서 자신도 그런 나쁜 면을 갖게 됩니다.

멘제의 나쁜 면만 말하는 멘토는 언젠가 자신도 그 나쁘다는 말을 듣게 됩니다.

멘토는 멘제의 좋은 면, 아름다운 면을 보려 해야 합니다.

멘제의 진가를 찾으려 애써야 합니다.

그 아름다운 사랑을 보면 감동하여 눈물을 흘리고 싶을 만큼의 맑은 마음을 가져야 합니다.

멘제의 좋은 점만 찾다 보면 자신도 언젠가 좋은 점을 말하면 언젠가 자신도 좋은 말을 듣게 됩니다.

참 맑고 좋은 생각을 가지고 멘토링의 날들을 수놓았으면 좋겠습니다.

마음이 아름다운 멘제를 보면 코 끝이 찡해지는 감격을 가질 수 있는

티 없이 맑은 마음을 가졌으면 좋겠습니다.

어떤 멘제를 만나든 그의 장점을 보려는 순수한 마음을 가지고

멘제를 많이 칭찬할 수 있는 넉넉한 마음을 가졌으면 좋겠습니다.

멘토링을 할 때마다 좋은 말을 하고, 그 말에 진실만 담는 예쁜 마음 그릇이 멘토 자신의 그릇이었으면 좋겠습니다.


### 3) 3주: 멘토 마음의 그릇(2)

멘토는 마음의 그릇을 크게 가져야 합니다.

그리고 그 그릇은 구멍이 나 있지 않아야 합니다.

만약 구멍이 났다면 때워야 합니다.

그렇다고 그 그릇이 비싼 그릇이어야 하지는 않습니다.

그렇지만 너무 더러워서 냄새가 나면 안 됩니다.

비싸지 않아도 깨끗하고 넓은 그릇이면 됩니다.

플라톤은 행복의 조건으로 다섯 가지를 듭니다.

첫째, 먹고 입고 살고 싶은 수준에서 조금 부족한 듯한 재산

둘째, 모든 사람이 칭찬하기에 약간 부족한 용모

셋째, 사람들이 자신이 자만하고 있는 것에서 절반 정도까지 알아주지 않는 명예

넷째, 겨루어서 한 사람에게 이기고 두 사람에게 질 정도의 체력

다섯째, 연설을 듣고서 청중의 절반은 손뼉을 치지 않는 말솜씨가 그것입니다.

그가 생각하는 행복의 조건들은 완벽하고 만족할 만한 상태에 있는 것들이 아닙니다.

조금은 부족하고 모자란 상태입니다.

재산이든 외모든 명예든 모자람이 없는 완벽한 상태에 있으면 바로 그것 때문에 근심과 불안과 긴장과 불행이 교차하는 생활을 하게 될 것입니다.

모자란 가운데 그 부족한 부분을 채우기 위해 노력하는 나날의 삶 속에 행복이 있다고 플라톤은 생각했습니다.

멘토의 역량과 자세 역시 마찬가지 입니다.

약간 부족한 역량이지만 존경스러운 자기 개발의 열정이 엿보이고 완벽하지는 못한 성품이지만 올바르게 살아가려는 의지가 엿보이는 그런 멘토면 완벽한 멘토인 것입니다.

당신은 아름다운 멘토이십니다. ♪ ^.^


4) 4주: 멘토/멘제 첫 만남에서 대화


(1) 서로에 대해 알 수 있는 시간 확보

－서로에 대한 신상 정보 교환

－성격스타일에서 공통점 또는 차이점 확인

(2) 멘토링 활동에 대한 개괄적 설명

- 멘토의 멘토링 경험을 설명해 줌으로써
- 멘제에게 심리적인 안정감을 제공
(3) 멘제의 멘토링 참여목적 파악
- 멘제가 자신의 멘토링 목표를 명확히 인식하고 있는지를 파악
(4) 멘제가 멘토와 어떤 관계를 맺고 싶어 하는지를 파악
- 멘제가 멘토와의 관계에 어떤 기대 또는 니즈를 갖고 있는지를 질문
(5) 멘토로서 멘제에게 제공해 줄 수 있는 것들에 대해 설명
- 멘토가 현재 수행하고 있는 업무와 능력에 대해 이야기하고, 멘토링이 필요
  한 정서적인 분야, 영역에 대해 질문과 토론
(6) 멘토가 자신의 니즈, 기대치 현재의 약한 부문 등을 솔직히 말하도록 유도
- 향후 삶의 목표 및 업무 달성계획에 대해 말하도록 유도
(7) 멘토링 활동 방법이나 업무에 대해 토론
- 서로의 스타일이나 선호도를 고려하여 멘토링 방법에 대해 상의


## 2-3. 7월 Weekly 명상록(Meditation)


■ **7월, 명사의 명언:** 하늘을 보라
- 생활이란 생각하는 것이 그 본질이다. 인간의 존엄성은 오로지 사고에 있다.
  인간의 내부에 모순되는 두 요소, 즉 천사의 일면과 짐승의 일면 어느 쪽이
  나를 지배하는가는 나의 사고에 달려 있다.

  −파스칼
- 인생은 활동하는 가운데 존재하며, 무기력한 휴식은 죽음을 뜻한다.

  −볼테르
- 나는 존재한다. 그러나 나는 그 존재 이유를 발견하고 싶다. 왜 내가 살고
  있는가를 알고 싶은 것이다.

  −앙드레 지드

[멘토링 사랑 – 4Tip]

### 1) 1주: 선다싱과 나그네

선다싱(중세기독교 신비주의자)과 그 친구 한 명이 히말라야산맥을 넘어 티베트로 전도여행을 떠났다. 산중턱을 넘다가 혹한과 폭설 속에서 눈 속에 묻힌 나그네를 발견하였다. "난 이 나그네를 업고 갈 거야. 그렇지 않으면 이 나그네는 죽는단 말일세." 친구는 반대의견을 표시하고 혼자 산등성이를 넘어갔다.

얼마 후 나그네를 엎고 느릿한 걸음으로 산등성이를 넘은 선다싱은 깜짝 놀랐다. 먼저 간 친구가 동사했기 때문이었다. 선다싱과 나그네는 서로의 열기 때문에, 동사를 면했던 것이다!

### 2) 2주: 탁구황제 유승민과 멘토 김택수의 멘토링

'04년 8월 23일 탁구남자단식 결승전에서 유승민이 중국의 왕하오 와 맞섰을 때 많은 사람들이 '뻔한 결말'을 예상했다. 96년 애틀랜타 대회 남녀 단·복식, 2000년 시드니 대회 남녀 단·복식에서 8개의 금메달을 모두 거머쥔 중국 만리장성은 도무지 난공불락이었기 때문이다.

왕하오와의 역대 전적에서도 6전6패. 양국의 자존심이 걸린 대망의 결승전. 유승민은 장기인 포핸드 드라이브로 승부수를 띄웠고 왕하오는 비장의 무기인 이면타법(펜홀더라켓 뒷면으로 백핸드를 치는 기술)으로 사각을 찔러 왔다. 결과는 유승민의 4.2 완승. 한국 탁구는 88년 유남규 이후 16년 만에 세계정상을 정복했다.

로이터 통신은 "금 후보로 유력한 쪽은 왕하오이지만 그는 유승민의 빛나는 경기력을 당할 수 없었다"고 평했고 이 경기를 아테네 명승부 중의 하나로 꼽았다.

올림픽의 금메달 스토리는 선수와 주변에서 돕는 코치를 비롯한 많은 사람들이 소문의 근원지가 된다.

우리가 유승민의 금메달 스토리에서 먼저 손꼽을 수 있는 대상으로 김택수 코치를 들 수 있다. 그는 보통의 코치와 확실히 다른 면으로 진정으로 멘토십을 발휘했다고 볼 수 있다.

(1) 그는 탁구대표선수로 선발되었으나 차세대를 위해 양보의 미덕을 발휘했다.

(2) 그는 유승민에 자기의 비밀 병기로 여기는 빠타(일본에서 브랜드화한 것)를 넘겨주었다.

(3) 그는 왕하오의 이면타법을 집중적으로 연구하여 하루에 수백 번 대응법을 훈련시켰다.

김택수 코치 그가 바로 멘토 모델이다. 그는 기술지도뿐만 아니라 정신지도까지 훌륭하게 해낸 사람이다. 금메달을 딴 후에도 유승민에게 겸손을 요구했고 앞으로 더 호된 훈련에 대비하라고 권고했다.

또한 유승민은 "비록 자기가 운 좋게 중국 선수를 이겼지만 중국의 탁구 실력은 대단하며 왕하오는 운이 안 좋은 것이다"고 겸손한 마음으로 패자인 상대선수와 중국을 배려한 점은 선수 이전에 인간됨의 한 단면을 보여 주었다. 오랜만에 멘토링의 진수 바로 멘토가 자신의 역량을 최대한 발휘하여 멘제를 자신보다 더 훌륭하게 키우는 성공사례를 보게 되었다.

상사는 부하의 업무성과를 챙기고

코치는 선수의 게임승리를 챙기고

멘토는 멘제의 인간승리를 챙긴다.

그리고 탁월한 멘토는 이 세 가지를 다 챙기는 것이고

특히 그중에서 최고 우선순위를 '인간승리'에 두는 사람이다.


### 3) 3주: 박진영과 비(정지훈)의 멘토링

비는 어린 후배 가수들에게 존대하면서도 뼈 있는 조언을 아끼지 않았다. 박진영 역시 "지훈이(비 본명) 첫 방송한 걸 보면 뼈가 부서지도록 춤을 춘다"며 비를 추켜세웠다.

그도 그럴 것이 비가 무명에서 월드스타로 성장하기까지 얼마나 많은 땀과 눈물을 흘렸는지 누구보다 잘 알고 있는 박진영으로선 그가 예뻐 보일 수밖에 없다. 늘 자신의 곁을 지켜 준 박진영에 대한 비의 마음도 마찬가지일 터.

비는 "(박진영은) 친형 같은 존재"라며 "내가 언제 어디서나 무엇을 할 때도, 심지어 나쁜 짓을 해서 사회적으로 물의를 일으켰다고 해도 끝까지 조언을 해 주고 도와주실 분이다"고 말했다. 평소 그에게 가지고 있는 애정과 신뢰가 한껏 드러 난 대목.

멘토 마음의 그릇이다.


### 4) 4주: 멘토링 인간관

(1) 인간은 최고다 – 인간은 만물의 영장이다.

팡세에서 인간은 생각하는 갈대(思考力 – 우주)로 우주보다 우수

하나님의 형상으로 창조(창 1:27)되었다.

(2) 인간은 보석이다 – 인간은 상위 일체 사랑으로 탄생했다.

아버지의 사랑(정자)과 어머니의 사랑(난자)과 하나님의 사랑(영혼)으로 삼위일 체 사랑 받고 옥동자로 탄생했다.

(3) 인간은 승리할 수 있다 – 인간은 잠재역량을 조금만 개발하여도 승리할 수 있다.

보통 사람: 잠재역량개발 – 5%

노벨상 수상자: 잠재역량개발 – 10%

발명가 에디슨: 잠재역량개발 – 15%

로 나머지 85%는 개발하지 못한 상태다.


## 2-4. 8월 Weekly 명상록(Meditation)

**■ 8월, 명사의 명언: 내가 가야 할 먼 길**

– 시간은 모든 것을 데리고 가 버린다. 뿐만 아니라 시간은 사람의 마음마저 가져가 버린다.

– 베르길리우스

- 오늘 할 수 있는 일은 내일로 미루지 말라. 자기가 할 수 있는 일은 남에게
  미루지 말라. 싸다고 해서 필요치 않는 물건을 사지 말라. 지나치지 않고 알
  맞게 행동하면 후회하는 일이 없다.

－제퍼어슨

- 당신이 생명을 사랑한다면 시간을 낭비하지 말라. 시간이야말로 생명을 만
  드는 재료다.

－벤자민 프랭클린

## 1) 1주: 영원한 멘토

(1) 멘토는, 멘제의 최악의 모습을 보면서도 멘제의 최선의 모습을 잊지 않는
  사람이다.

(2) 멘토는, 실제 멘제의 모습보다 조금 더 멘제를 멋진 사람으로 생각해 주는
  사람이다.

(3) 멘토는, 여러 시간 함께 이야기할 수 있거나 아니면 완벽한 침묵 속에서 함
  께 살 수 있는 사람이다.

(4) 멘토는, 멘제가 성공했을 때 멘제만큼 기뻐해 주는 사람이다.

(5) 멘토는, 멘제와 대화하면서 자기의 속마음을 있는 그대로 털어놓을 정도로
  멘제를 믿는 사람이다.

(6) 멘토는, 더 많이 알려고도 하지 않고, 더 똑똑하게 행동하려고 하지 않으며,
  계속해서 멘제의 선생이 되려고도 하지 않는 사람이다.

(7) 멘토는 멘토일 뿐이니까?

(8) 멘토는, 멘제가 하는 말이 정말 재미없을 때에도 멘제 말을 경청해 주는 사
  람이다. 멘제에게는 중요한 일이라는 것을 알기 때문이다.

## 2) 2주: 칭찬과 지원

멘제의 역량을 인정하거나 감탄하거나 작은 성공(물론 대성공 역시)을 축하하
거나 하는 일 역시 멘토의 일부입니다. 칭찬이 없다면 팀을 성공적으로 이끄는 것

은 힘들어집니다. 그렇다고 해서 따뜻한 말을 건네는 것만으로 끝나는 것은 아닙
니다. 멘토란 활력을 유지하고 난관이나 장애를 극복할 수 있도록 구체적인 지원
도 해야 합니다. 지원 방법에도 여러 가지가 있습니다. 어떤 때는 다소 냉정한 자
세를 취하여 멘제의 개인적인 능력향상을 도울 수도 있고, 어떤 때는 일에 직접
개입하여 같이 상황을 분석하고 문제를 해결해 나갈 수도 있습니다. 또한 어떤 때
에는 한 걸음 물러나 묵묵히 지켜보고 있는 일이 무엇보다도 지원이 되는 경우도
있습니다. 지금 처한 상황에 어떻게 대처하면 가장 좋을 것인지, 멘제가 자기 힘
으로 판단할 수 있도록 하는 것입니다. 멘제가 곤란을 극복할 수 있다고 확신을
심어 주는 일이 지원의 요체가 됩니다. 지원을 수반하지 않고 칭찬만 하면 그것은
단지 아부에 지나지 않습니다. 구두선만의 찬사는 사교적인 입발림 이외의 아무
것도 아닙니다.

3) 3주: 정말로 좋은 친구

그들은 정말로 좋은 친구였다.

그들은 짓궂은 장난을 하며 놀기도 했지만, 또 전혀 놀지 않고도, 전혀 말하지
않고도 있을 수 있었다.

왜냐하면, 그들은 함께 있으면서 전혀 지루한 줄 몰랐기 때문이다.

　　　　　　　　　　　　－장 자끄 상뻬의『얼굴 빨개지는 아이』중에서－

좋은 친구는 늘 좋은 해답을 주지 않아도 좋습니다. 지시과 지혜가 넘치지 않
아도 좋습니다. 언제 보아도 편안하고, 아무리 오래 같이 있어도 지루하지 않고,
함께 있는 것만으로도 힘이 되는 사람이 정말로 좋은 친구입니다.

4) 4주: 멘토의 7가지 필요성(레빈슨 교수)

(1) 성인시기로 들어가는 사람에게 좋은 멘토가 없다는 것은 마치 어린아이에
　　게 좋은 부모가 없는 것과 같다.

(2) 기본적인 멘토링 관계는 한 사람의 진로, 직업, 인생의 삶 등 인간발달과 성

장과정 속에서 지도자의 역할을 해 주는 자신보다 인생경험이 더 많은 어떤 사람과의 우정이다.

(3) 적절한 멘토(스승)의 역할이 없이 젊은이가 성인 세계로 들어가는 데에는 상당히 큰 어려움이 있다.

(4) 좋은 멘토는 좋은 아버지와 좋은 친구의 혼합물이다. ‘훌륭한 멘토’는 젊은 이를 기쁜 마음으로 성인세계로 들어가도록 이끌어 주는 전환기적인 인물이다. 그는 안내자이고, 교사이고, 후원자이다. 그는 기술, 지식, 미덕, 성취－젊은이가 언젠가는 얻기를 바라는 우수한 자질들－를 상징한다. 그는 초심자를 북돋아 주고 그의 꿈을 축복해 준다.

(5) 멘토는 젊은이가 자신의 길을 찾아가고 새로운 기술을 얻으려 할 때, 상당히 실질적인 도움을 줄 수 있다.

(6) 훌륭한 멘토 역할은 사회적 경험이 많은 이가 사회에 공헌할 수 있는 특별한 일 중의 하나이다. 멘토가 되는 과정은 성인 초기로 들어가고 있는 자녀에게 새로운 방식으로 아버지 역할을 하는 과정과 흡사하다.

(7) 많은 성인들이 멘토(스승)의 도움을 거의 주지도, 받지도 못하고 있다. 기업 조직체에서 팀워크와 충성심이 자주 강조되고 있음에도 불구하고, 조직 구성원을 위해 마련된 규율보다는 멘토(스승)관계를 찾아보기가 훨씬 어렵다.

## 3-1. 9월 Weekly 명상록(Meditation)

- **9월, 명사의 명언:** 아, 삶이여
  - 인생의 커다란 비결은 결코 낡지 않은 인간으로서 끝까지 사는 것이다.

    －슈바이처
  - 인생은 교향악입니다. 인생의 각각 순간들이 합창으로 노래하고 있습니다.

    －로망 롤랑
  - 나는 이 세상을 이 세상으로 생각할 뿐이다. 여기서 각자가 한 가지 역할을 해내며, 나는 슬픈 역을 연출하는 무대다.

    －셰익스피어


[멘토링 서악－4Tip]

1) 1주: 진실한 대화

인간은 일곱 개의 베일을 쓰고 살아갑니다. 너와 나 사이에는 서로 가로막는 마음의 장벽이 있습니다. 우리는 낯선 사람을 대할 때, 경계와 불신과 불안의 감정을 갖게 됩니다. 나는 네가 누군지를 모르고 너는 내가 누군지를 모르기 때문에 우리는 서로 경계할 수밖에 없고 서로 마음의 창문을 닫을 수밖에 없습니다. 나와 너 사이에는 경계, 오해, 불신, 불안, 의심, 대립, 증오 등의 두터운 장벽이 가로놓이기 쉽습니다. 너와 나 사이에 가로놓인 장벽과 베일을 먼저 깨뜨려야 합니다.

그것을 깨뜨리는 기본 작업이 대화입니다. 나는 너를 알아야 하고 너는 나를 알아야 합니다. 그러려면 서로 만나서 대화를 나누어야 합니다.

누구나 서로 대화를 한다는 것은 나의 마음의 문을 활짝 열고 상대방을 받아들이는 것입니다. 폐쇄의 자세를 버리고 개방의 자세를 갖는 것입니다. 흘러가지 않는 물은 썩기 쉽고 환기를 아니 하는 방은 공기가 혼탁해지기 쉽습니다.

인간의 정신과 생활, 나라의 운명과 역사도 마찬가지입니다. 폐쇄된 사회, 폐쇄된 인간, 폐쇄된 생활에는 진보가 없고, 향상이 없고 기쁨과 행복이 없습니다. 남과 대화를 한다는 것은 새로운 것을 알고 배우고자 하는 개방정신의 표현입니다. 나는 너의 진실을 알아야 하고, 너는 나의 진실을 알아야 합니다. 대회는 서로 묻고 대답하는 것입니다. 우리는 성실하게 물어야 하고 겸허하게 들어야 하고 진실하게 대답해야 합니다. 인간의 진정한 대화가 이루어지려면 서로 성실의 덕과 신의의 정신과 진실을 추구하려는 올바른 의지가 필요합니다. 평화의 정신과 개방의 자세와 상호 이해의 목적과 진실을 추구하려는 성의가 있을 때 비로소 인간의 진정한 대화가 이루어집니다.


### 2) 2주: 상호 신뢰

사람과 사람 사이 모여서 사회 공동생활을 할 때에 가장 근본 되는 도덕은 서로 신의를 지키는 일입니다. 신의란 서로 속이지 않는 것입니다. 개인의 사회적 공신력이 없을 때 살아갈 수 없고, 민족이 구체적 공신력을 상실할 때 부강한 번영을 쟁취하기 힘듭니다.

무신불립(無信不立)은 옛날이나 지금이나 동양이나 서양을 막론하고 인간사회의 영원한 진리입니다. 무신불립은 한국인의 확고부동한 생활신조가 되어야 합니다. 현대사회는 자유로운 계약사회입니다. 서로 믿지 못하고 서로 약속을 지키지 아니할 때 계약사회는 무너지고 맙니다. 대인관계에서 불신(不信)처럼 불행하고 불안한 것이 없습니다. 상하관계건, 동료관계건, 나와 너 사이에 있어야 할 가장 기본적 질서와 가장 근원적 원리가 信義입니다.

신의는 서로 속이지 않는 것이요, 상호 신뢰하는 것이요, 서로 믿는 것입니다.

믿을 수 있으려면 속이지 않아야 합니다. 진실하고 정직해야 믿을 수 있습니다. 믿으면 뭉칠 수 있습니다. 뭉치면 힘이 생깁니다. 힘이 생기면 번영할 수 있고 부강할 수 있습니다.

그러므로 힘의 근본은 신의입니다. 서로 믿지 못할 때 우리는 불안하고 불행합니다. 세상에 불신처럼 무서운 것이 없습니다. 서로 불신하는 인간관계는 절대로 행복할 수 없습니다. 부부간에 서로 믿지 못하고 부자와 모녀간에 불신이 깔려 있고, 형제자매끼리 서로 믿지 못할 때 그 가정이 어떻게 행복할 수 있으며, 어떻게 단란할 수 있겠습니까? 신의를 지키는 것은 인간이 마땅히 걸어가야 할 길입니다.


### 3) 3주: 좋은 멘토 VS 보통 멘토 (1)

(1) '좋은 멘토'에게는 불굴의 용기가 보이지만 '그냥 멘토'는 불굴의 불만만 보입니다.

(2) '좋은 멘토'에게서는 자기가 하는 일의 자부심이 보이지만 '그냥 멘토'에게서는 남들이 하는 일에 대한 부러움만 보입니다.

(3) '좋은 멘토'의 위기는 좋은 배움의 기회지만 '그냥 멘토'의 위기는 위험의 순간일 뿐입니다.

(4) '좋은 멘토'는 걸림돌을 디딤돌로 사용하지만 '그냥 멘토'는 걸림돌을 피해 달아납니다.

(5) '좋은 멘토'는 당당하되 겸손하지만 '그냥 멘토'는 비굴하되 거만합니다.

(6) '좋은 멘토'는 자기주장은 하되 고집스럽지는 않지만 '그냥 멘토'는 자기주장도 없고 신념도 없습니다.

(7) '좋은 멘토'는 논리적 비판은 하되 감성적 성토는 하지 않지만 '그냥 멘토'는 논리적 비판도 없이 감정적 대응만 합니다.

(8) '좋은 멘토'는 섬세하되 소심하지는 않지만 '그냥 멘토'는 대강대강 건너뜁니다.

(9) '좋은 멘토'는 약속시간을 칼같이 지키되 늦은 멘제를 비난하지 않지만 '그냥 멘토'는 자기도 함께 늦고 해명도 안 합니다.

(10) ‘좋은 멘토’는 멘제의 잠재역량을 잘 파악하여 발휘토록 해 주지만 ‘그냥 멘토’는 인기에만 급급하고 놀기에만 열중입니다.


### 4) 4주: 좋은 멘토 VS 보통멘토 (2)

(1) ‘좋은 멘토’는 멘제에게 꼭 필요한 말을 해 주지만 ‘그냥 멘토’는 멘제가 듣기 좋아하는 말만 골라 합니다.

(2) ‘좋은 멘토’는 멘제에게 멘토링 활동의 비전을 보여 주지만 ‘그냥 멘토’에게서는 오늘 한순간의 즐거움만이 보입니다.

(3) ‘좋은 멘토’는 정보와 아이디어를 모두 공유하지만 ‘그냥 멘토’는 정보도 아이디어도 없습니다.

(4) ‘좋은 멘토’의 목표는 성취 목표량과 달성 기한이 있지만 ‘그냥 멘토’는 그저 열심히만 하자고 말합니다.

(5) ‘좋은 멘토’는 멘제의 감정에 어울리는 상황을 만들어 가지만 ‘그냥 멘토’는 감정을 고려치 않고 상황을 만듭니다.

(6) ‘좋은 멘토’는 시도하되 반드시 성과물을 내지만 ‘그냥 멘토’는 시도만 하고 결과물은 없습니다.

(7) ‘좋은 멘토’는 타인의 힘을 지렛대로 상호 이익의 성과를 내지만 ‘그냥 멘토’는 자신의 힘으로만 성공하려 합니다.

(8) ‘좋은 멘토’는 경청하되 꼭 필요한 피드백을 주지만 ‘그냥 멘토’는 건성으로 듣고 지나칩니다.

(9) ‘좋은 멘토’는 약속사항을 반드시 지키되 자랑하지 않지만 ‘그냥 멘토’는 못 지킨 약속사항을 남의 탓으로만 돌립니다.

(10) ‘좋은 멘토’는 멘제의 개성을 발휘토록 기회 마련을 해 주지만 ‘그냥 멘토’는 실패하지 않도록 주의만 많이 줍니다.

# 3-2. 10월 Weekly 명상록(Meditation)

■ **10월 명사의 명언:** 내 가난한 소망을 향하여

- 생명이 있는 한 희망이 있다. 희망은 만사가 용이하다고 가르치고, 실망은
  만사가 곤란하다고 가르친다.

  −J. 워어트

- 마음이 맑고 깨끗한 사람은 온 세계가 맑고 깨끗하게 보이고, 마음이 잡된
  사람은 온 세계가 또한 잡되고 더럽게 보인다.

  −에머슨

- 힘은 희망을 가진 사람들에게 주어지고, 용기는 가슴속의 의지애서 일어나
  는 것이다.

  −펄벅


[멘토링 선악−4Tip]


1) 1주: 나를 찾아 떠나는 여행

이 세상에 단 하나뿐인 나……

나는 진정 소중한 사람입니다……

행복은

내가 누구인지 알고,

나에게 가장 수중한 것과 일치하는 삶을 살았을

때 느낄 수 있습니다……

나를 찾아 떠나는 여행!

그것은 변화의 시작이며, 진정한 의미의 성장입니다.

누군가를 만나기 전에 먼저 '나'를 만나십시오.

나를 움직이는 사람만이 다른 사람을 움직일 수 있습니다.

다른 사람을 움직일 수 있는 사람은 세상을 움직일 수 있습니다.

그 다음에 나의 위치를 찾았으면

홀로 가는 것은 외롭고 쓸쓸합니다.

나를 찾아 멘토/멘제와 함께 떠나는 여행은 행복 그 자체입니다.


<행복: 칼 붓세>

저 산 저 멀리 저 하늘가에 행복이 깃든 곳 있다 하기에

남을 믿고 나두야 따라 갔건만 눈물만 글썽글썽 되돌아왔네

저 산 저 멀리 저 하늘가에 행복이 깃든 곳 있다 모두 말하지만


## 2) 2주: 작은 일에 최선을

마이클 패러데이는 가난한 대장장이의 아들로 태어나 학교를 다닐 수 없었습니다. 그는 런던의 한 서점 점원으로 일하면서 책읽기를 시작했고, 특히 과학서적들을 좋아해 그 분야의 책들을 읽으며 독학으로 공부했습니다.

어느 날 그는 당시 유명한 화학자였던 험프리 데이비의 강연을 듣고 크게 감명을 받은 후 데이비에게 편지를 썼습니다.

"선생님 밑에서 과학을 공부하며 일할 수 있게 해 주세요." 소년의 편지를 받은 데이비는 친구와 의논했습니다. 그랬더니 그 친구는 "우선 먼저 그에게 빈 병 닦는 일을 시켜 보게. 그런 일을 시시하게 여기고 못 하겠다고 거절하는 사람이면 쓸모가 없는 걸세"라고 가르쳐 주었습니다.

데이비는 편지를 보낸 소년에게 "그런 일을 해 보겠느냐"고 연락을 했고, 그날부터 그 소년은 빈 병 닦는 일을 최선을 다해 계속했습니다. 이를 지켜본 데이비는 그를 조수로 채용했고, 그 소년은 전자기학의 세계적인 대부가 되었답니다.


## 3) 3주: 꿈의 크기는?

어떤 낚시꾼이 낚시를 하고 있었습니다.

낚시꾼은 오른손에 낚싯대를 들고 왼손에는 25센티미터짜리 자를 들고 있었습니다.

낚시꾼은 고기를 잡을 때마다 왼손에 들고 있던 자로 물고기 길이를 재 보았습니다.

고기가 자의 길이보다 크면 버리고 작으면 그릇에 담았습니다.

곁에서 이를 지켜보던 사람이 이상하게 여겨 왜 그러느냐고 묻자 낚시꾼은 "우리 집 프라이팬은 지름이 25센티미터입니다. 프라이팬보다 더 큰 것은 볶아먹을 수 없어서요."

라고 대답했습니다.

나를 25센티미터의 사람으로 만드는 것은 내 생각일 뿐입니다.

"나는 이 정도의 사람일 거야"라고 하는 생각! 우리는 그것을 무너뜨려야 합니다.

누구도 당신의 허락 없이는 당신의 꿈의 크기를 제한할 수 없습니다.


## 4) 4주: 멘제를 위한 지원사항

(1) 멘제와 개인적인 인간관계를 개발하라.

(2) 멘토인 자신과 꿈을 나누라.

(3) 멘제에게 헌신을 요구하라.

(4) 멘제의 성장을 위한 목표를 세우라.

(5) 멘제에게 멘토링에 관한 기본적인 사항들을 전달하라.

(6) 멘제에게 5단계 훈련과정을 실시하라

① 1단계: 모델이 되어 준다(모델링).

② 2단계: 지도한다.

③ 3단계: 지켜본다.

④ 4단계: 동기를 부여한다.

⑤ 5단계: 멘제에게 새로운 능력을 부여한다.

(7) 멘제에게 세 가지 선물을 주라.

① 자신감, ② 책임감, ③ 의무감

(8) 멘제에게 필요한 장비(물자)들을 지원해 주라.

(9) 멘제를 조직적으로 관찰하라.

(10) 멘제와 주기적으로 만나 자질을 갖추게 하라.


## 3-3. 11월 Weekly 명상록(Meditation)

- **11월 명사의 명언:** 사랑아 너를 알고 싶다.
- 애정에는 한 가지 법칙밖에 없다. 그것은 사랑하는 사람을 행복하게 만드는
  것이다.

  ―스탕달
- 상대가 눈앞에 없으면 보통사랑은 멀어지고, 큰 사랑은 가중된다. 바람이 불
  면 촛불은 꺼지고 화재는 더 불길이 센 것처럼.

  ―라 로슈코프
- 참다운 사랑은 결코 맹목이 아니다. 오히려 보통 사람들의 눈에는 보이지
  않는 심안에 새로운 빛이 더 하는 것이다.

  ―P. 케어리


**[멘토링 리더십 교육―5Tip]**

1) 1주: 한 번에 한 사람(마더 테레사)
나는 결코 대중을 구원하려고 하지 않는다.
난 한 번에 단지 한 사람을 사랑할 수 있다.
한 번에 단지 한 사람만을 껴안을 수 있다.
단지 한 사람, 한 사람, 한 사람씩만……
따라서 당신도 시작하고 나도 시작하는 것이다.
난 한 사람을 붙잡는다.
만일 내가 그 사람을 붙잡지 않았다면
난 4만 2천 명을 붙잡지 못했을 것이다.

모든 노력은 단지 바다에 붓는 한 방울 물과 같다.

하지만 만일 내가 한 방울의 물을 붓지 않다면

바다는 그 한 방울만큼 줄어들 것이다.

당신에게도 마찬가지다. 당신의 가족에게도

당신이 다니는 직장에서도 마찬가지다.

단지 시작하는 것이다. 한 번에 한 사람씩

### 2) 2주: 멘토링 리더십 - 5Tip

(1) 한 아이에게 영향을 끼치는 것은 한 사람의 인생에 영향을 끼치는 것이다.

(2) 한 부모에게 영향을 끼치는 것은 한 가족에 영향을 끼치는 것이다.

(3) 한 기업의 대표에게 영향을 끼치는 것은 전체 기업에 영향을 끼치는 것이다.

(4) 한 목회자에게 영향을 끼치는 것은 한 교회에 영향을 끼치는 것이다.

(5) 한 국가 지도자에게 영향을 끼치는 것은 그를 지도자로 여기는 모든 국민에 게 영향을 끼치는 것이다.

### 3) 3주: 멘토의 꿈

멘제에게서 지도자의 상(像)을 품는 멘토의 꿈

"꿈에 의해서 인간은 위대하게 된다.

모든 위인들은 몽상가였다." - 미국의 28대 대통령 윌슨 -

꿈을 꿀 수 있는 것도 능력입니다.

비전은 마음의 눈으로 보는 것입니다.

꿈이 있고 비전 있는 사람은 마음의 눈으로 자신의 미래 모습을 분명히 그릴 수 있는 사람입니다.

가까운 미래든 먼 미래든 현재를 가슴 설레게 하는 꿈이 있는 자가 되어야 합니다.

그런 사람이 순간에 최선을 다하고, 노력하고 수고하고 땀 흘리며, 당장이 힘들고 잘 안 되고 지치더라도 낙심하지 않습니다.

꿈을 가지는 것은 공짜입니다.

그리고 아무도 나의 꿈을 터치할 수도 없습니다.

꿈을 가진 자가 위대해진다는 인생 선배의 말의 말에 귀 기울이면 우리 인생에 행운을 가져다줄 것입니다.


### 4) 4주: 멘제가 보는 이상적인 멘토

(1) 멘제의 잠재력을 믿는 사람으로서 멘제를 바라보며 이렇게 말할 수 있는 사람이어야 한다.

"나는 이 친구가 무한한 잠재력을 가지고 있다고 생각합니다. 내가 이 친구에 내 인생을 조금만 투자해도, 그는 정말 큰일을 해내리라고 확신합니다"라는 믿음을 가져야 한다.

(2) 멘제에게 솔직한 피드백을 하는 사람

멘제의 단점까지 지적해 주며 어떻게 해야 하는지 감추지 않고 얘기해 주는 사람으로 멘제가 깨달아야 할 필요가 있는 것들을 정확하게 알려 준다.

(3) 본받을 만한 귀감이 되는 사람

멘제에게 없는 점을 가지고 있는 사람으로 멘제가 배우고 싶은 마음이 들게 한다.

(4) 공개적이고 솔직한 사람

멘제가 알지 못하는 멘토 나름대로의 고민과 실패 경험을 솔직하게 공개한다.

(5) 깊은 유대관계가 있는 사람

멘제를 가족처럼 여기며 친밀감을 유지한다.

(6) 가르치는 방법을 아는 사람

멘토가 그 일을 어떻게 했는지 이해하기 쉽게 가르쳐 준다.

(7) 멘토의 꿈을 파악하고 그 꿈을 현실로 바꾸는 계획을 세울 수 있는 사람

멘제가 품은 꿈 가운데 어떤 것이 현실적이고 어떤 것이 비현실적인지 구별하도록 도와준다.

(8) 멘제가 보기에 성공한 사람

멘토는 언젠가는 멘제가 도달하고 싶은 위치에 있는 사람이어야 한다.

(9) 멘제를 가르치는 것은 물론이고 멘제에게 배울 자세가 되어 있는 사람

멘토링은 양방향으로 이루어지는 것이다. 멘제가 배울 자세가 되어 있다면 멘토 또한 배울 자세가 되어 있어야 하며, 그렇게 되면 멘제는 이렇게 생각할 것이다. "내 멘토는 나를 존중하고 있어, 나 역시 멘토를 존중해."

(10) 멘토 자신의 일이 아닌 멘제의 일정을 우선적으로 배려할 수 있는 사람


## 3-4. 12월 Weekly 명상록(Meditation)


■ **12월 명사의 명언:** 내가 삶의 진실을 가르쳐 준 이유

- 모든 덕 가운데서 가장 강하고 고결하고 자랑스러운 것은 진정한 용기다.

－몽테뉴

- 사람은 누군가 그가 하는 말에 의해서 자기 자신을 비판한다. 원하든 원하지 않든 간에 말 한마디 여하가 남 앞에 자기의 초상을 그려 놓는 셈이다.

－에머슨

- 불은 금을 시험하고, 역경은 강한 사람을 시험한다.

－세네카


**[멘토링 희망－4Tip]**


1) 1주: 나그네길 Mentor는?

"지지고 곤한 길손에게 주막을 알려 주고 쉬어 가라고 권한다.

지름길을 알려 주는가 하면, 언제 길을 떠나는 것이 안전한지 안내해 준다.

그리고 떠나는 이에게 축복을 던진다. 잘 가시라고.

－길손은 그 한마디에 힘을 얻어 천 리 길도 힘차게 내딛는다."


2) 2주: 충직한 멘토/멘제

(1) 충직한 멘토/멘제끼리는, 서로를 믿는다.

(2) 최상의 것을 함께 나눈다.

(3) 승리를 축하한다.

(4) 힘들 때 서로를 위로한다.

(5) 어쨌든 진리를 말한다.

(6) 성장을 추구한다.


### 3) 3주: 멘토와 동행하면……

멘토와 함께라면 갈 길이 아무리 멀어도 갈 수 있습니다.

눈이 오고 바람 불고 날이 어두워도 갈 수 있습니다.

바람 부는 들판도 지날 수 있고 위험한 강도 건널 수 있으며 높은 산도 넘을 수 있습니다. 멘토와 함께라면 갈 수 있습니다.

나 혼자가 아니고 멘토와 함께라면 손 내밀어 건져 주고, 몸으로 막아 주고, 마음으로 사랑하면 나의 갈 길 끝까지 잘 갈 수 있습니다.

이 세상은 혼자 살기에는 너무나 힘든 세상입니다.

단 한 사람이라도 사랑해야 합니다.

단 한 사람의 손이라도 잡아야 합니다.

단 한 사람이라도 믿어야 하며 단 한 사람에게라도 나의 모든 것을 보여 줄 수 있어야 합니다.

멘토와 동행의 기쁨이 있습니다. 멘토와 동행의 위로가 있습니다.

그리고 결국 우리는 멘토와의 동행에 감사하면서 인생여정을 꾸려 갈 것입니다.

우리의 험난한 인생길 멘토와 손잡고 걸어갑시다.

우리의 위험한 날들도 서로 손잡고 건너갑시다.

손을 잡으면 마음까지 따뜻해집니다.


### 4) 4주: 멘토란?

멘토란? 멘제가 지식이 필요할 때 머리를 내주고

멘토란? 멘제에게 위로가 필요할 때 어깨를 내주고

멘토란? 멘제에게 훈계가 필요할 때 엉덩이를 한 대 차 줄 수 있는 그런 사람이다.

개인과 기업의 가치를 챙기는

# 멘토링
# 인간가치 경영

**초판인쇄** | 2011년 5월 9일
**초판발행** | 2011년 5월 9일

**지 은 이** | 류재석
**펴 낸 이** | 채종준
**펴 낸 곳** | 한국학술정보(주)
**주    소** | 경기도 파주시 교하읍 문발리 파주출판문화정보산업단지 513-5
**전    화** | 031) 908-3181(대표)
**팩    스** | 031) 908-3189
**홈페이지** | http://ebook.kstudy.com
**E-mail** | 출판사업부 publish@kstudy.com
**등    록** | 제일산-115호(2000. 6. 19)

**ISBN**    978-89-268-2150-3 04320 (Paper Book)
          978-89-268-2151-0 08320 (e-Book)
          978-89-268-2148-0 04320 (Paper Book Set)
          978-89-268-2149-7 08320 (e-Book Set)

이담 Books 는 한국학술정보(주)의 지식실용서 브랜드입니다.